***ACCESO GRATIS* a la Lectura en la Nube**

Para visualizar el libro electrónico en la nube de lectura envíe junto a su nombre y apellidos una fotografía del código de barras situado en la contraportada del libro y otra del ticket de compra a la dirección:

ebooktirant@tirant.com

En un máximo de 72 horas laborales le enviaremos el código de acceso con sus instrucciones.

La visualización del libro en **NUBE DE LECTURA** excluye los usos bibliotecarios y públicos que puedan poner el archivo electrónico a disposición de una comunidad de lectores. Se permite tan solo un uso individual y privado

BIEN COMÚN Y POLÍTELOS EN EL CONSTITUCIONALISMO MEXICANO

BIEN COMÚN Y POLÍTELOS EN EL CONSTITUCIONALISMO MEXICANO

Salim Arturo González Castañeda

tirant lo blanch
Ciudad de México, 2024

En caso de erratas y actualizaciones, la Editorial Tirant lo Blanch México publicará la pertinente corrección en la página web www.tirant.com/mex/

Este libro será publicado y distribuido internacionalmente en todos los países donde la Editorial Tirant lo Blanch esté presente.

© EDITA: TIRANT LO BLANCH
DISTRIBUYE: TIRANT LO BLANCH MÉXICO
Av. Tamaulipas 150, Oficina 502
Hipódromo, Cuauhtémoc, 06100 Ciudad de México
Telf: +52 1 55 65502317
infomex@tirant.com
www.tirant.com/mex/
www.tirant.es
ISBN: 978-84-1197-928-3

Si tiene alguna queja o sugerencia, envíenos un mail a: *atencioncliente@tirant.com*. En caso de no ser atendida su sugerencia, por favor, lea en *www.tirant.net/index.php/empresa/politicas-de-empresa* nuestro procedimiento de quejas.

Responsabilidad Social Corporativa: http://www.tirant.net/Docs/RSCTirant.pdf

Índice

Introducción

Sociedad y bien común, como conceptos base de cualquier curso de derecho, desde sociología jurídica o historia del derecho hasta derecho internacional o derecho mercantil. Estos dos conceptos se tienen como una de las premisas fundamentales al hablar de lo jurídico.

En el presente trabajo nosotros vamos a retomar varios de los conocimientos jurídicos cardinales y los vamos a encaminar a la exposición centrada de un concepto científico nuevo denominado *polítelos*.

El nuevo concepto que presentamos se encuentra estrechamente vinculado al mundo del derecho, a pesar de lo anterior su uso y estudio puede representar una utilidad al emplearse correctamente en las diversas ciencias sociales.

La metodología utilizada para la elaboración de este estudio consistió en el análisis razonado de los diversos conceptos que se irán tratando en un marco conceptual apropiado para posteriormente centrarlos en un marco histórico contextual y así obtener el resultado buscado.

Pretendemos nosotros en este trabajo proponer el concepto de *polítelos*, centrarlo en una teoría constitucional, conceptualizarlo en la realidad histórica-constitucional mexicana y vislumbrar la posibilidad de la existencia de un núcleo o común denominador en la continuidad histórica.

Aparte de las metas mismas del trabajo, mencionadas en el párrafo anterior, igualmente pretendemos que este trabajo sea un incentivo para los teóricos del derecho constitucional, de la teoría política, de la historia y de la sociología para abundar en el estudio de las finalidades de la comunidad política mexicana.

Empezaremos el estudio por determinar el alcance y contenido de este nuevo concepto, igualmente comprobaremos su utilidad teórica para el entendimiento de ideas; sentaremos las bases que permitirán realizar un óptimo análisis de cualquier ordenamiento jurídico.

Lo mencionado anteriormente se encontrará presente en la primera parte del trabajo, que consideramos como marco teórico elemental para el entendimiento subsecuente de las últimas dos partes del libro.

La segunda parte empieza con bases de derecho constitucional. En beneficio de nuestros lectores, profesionistas de áreas diversas al derecho, se retoman conceptos fundamentales del derecho constitucional y se exponen, en lo conducente, de una manera lacónica y concisa.

Posterior a exposición de los conceptos base del derecho constitucional, pretendemos plantear el vínculo entre la constitución y el *polítelos;* mostramos el hilo reflexivo por el cual se encuentra carece de importancia la norma fundamental del estado al estudiar su finalidad.

Pretendemos en esta segunda parte del libro hacer una fusión entre lo expuesto sobre el *polítelos* y las contemplaciones que debiera tener cualquier constitución contemporánea con respecto de él.

Como último punto, accesorio de la segunda parte, mencionaremos unas breves reflexiones sobre la posibilidad en la mutación del *polítelos* a causa de circunstancias externas al texto constitucional.

Ya teniendo la teoría razonada y comprendida, en la tercera parte, incursionamos en el aspecto principalmente histórico (con comentarios políticos o sociales) de la realidad pasada dentro de las leyes fundamentales mexicanas. Realizamos nosotros en esta tercera parte un análisis de las constituciones o normas fundamentales positivas que comprenden tanto el primer como el segundo período del constitucionalismo en México.

Gran cantidad de académicos que se abocan al estudio de los documentos fundamentales de México no toman en cuenta la posible línea conductora que se encuentra en todos los documentos fundamentales. Como reflexiones finales, nosotros determinamos la existencia de un común denominador de aspectos siempre presentes en la finalidad nacional de México. Igualmente estableceremos las bases mediante las cuales se podra entender el *polítelos* constitucional mexicano como una unicidad de finalidades.

Parte I.

Análisis en torno al término bien común

1. LA FINALIDAD ASOCIATIVA DEL HUMANO

1.1 La finalidad de cualquier comunidad política

Situándonos en un plano cronológico de la historia de la humanidad podemos vislumbrar que en las comunidades políticas[1] siempre se va a perseguir algo. En términos más concretos y aristotélicos la comunidad política va a perseguir algún tipo de bien.

Aristóteles mantiene un pensamiento acertado en tanto que esboza las primeras ideas sobre la finalidad de la comunidad política[2]. Podemos ver tanto en el desarrollo de su pensamiento, como en los avances de sus precursores, que desde la Grecia antigua se gesta un concepto que permanecerá, más allá de sus críticos y de sus interrupciones, hasta la modernidad: el bien común.

Legitimado por su finalidad, como se analiza en el capítulo subsecuente, desde un inicio el bien común se transforma en el pilar para el entendimiento de toda comunidad política y en un período histórico posterior, de la teoría del estado en sí misma, al

---

1 Entiéndase comunidad política como cualquier asociación de personas con miras a la permanecía mediante el desarrollo de sus propias instituciones sociales y sobre la base de un orden jurídico. Verbigracia de lo anterior: estados constitucionales modernos, imperios, califatos, monarquías absolutas, etcétera.

2 Aristóteles, *Ética Nicomáquea * Política,* (Ciudad de México, México: Editorial Porrúa, 2013), 209.

menos, desde la perspectiva de una línea de pensamiento, vigente desde la Antigüedad y hasta nuestros días.

Indudablemente se tiene que tomar las afirmaciones anteriores como una base elemental para que consigan las diversas ramas del conocimiento desarrollarse sobre ésta y así determinar el contenido posible que tendrá el bien buscado por la sociedad.

Mirabile dictu de las obras áticas que se haya presentado el génesis en el entendimiento de lo que hoy en día conceptualizaremos como el *polítelos* de una sociedad.

a. Importancia de la finalidad

El bien común se mantiene en el campo abstracto de la teoría epistemológica, pero aun así la mencionada abstracción llega a tener la determinada relevancia práctica en cuanto tiene repercusiones directas en la sociedad.

Como han sostenido múltiples autores[3], una sociedad se justifica con su finalidad. En tanto una sociedad tenga una finalidad y encamine sus instrumentos jurídicos, institucionales, políticos, económicos y sociales a esta finalidad mantendrá un carácter legitimo ante los ojos de la ética y por tanto la sociedad podrá tener una presencia temporal y continuar desarrollándose en el mundo.

Únicamente va a existir una comunidad política cuando en el plano fáctico tenga la capacidad de evitar las beligerancias internas e invasiones de cualquier potencia del exterior; y que a su vez en el plano filosófico-jurídico sea sostenida mediante el bien constitutivo de sus propias premisas constitucionales y acciones del ente.

---

3 Es un postulado casi universal en la teoría política el estado se podra justificar/legitimar por sus fines. Lo anterior ha sido reconocido, entre otros autores, por : Héctor González Uribe, *Teoría Política* (Ciudad de México, México: Editorial Porrúa, 2017), 465 y ss.

En la línea de pensamiento anterior y términos del académico Herman Heller:

> "(...) la cuestión de la justificación jurídica se convierte en la cuestión de la existencia del Estado. En cuanto se pierde la fe en la legitimidad de la existencia del Estado concreto o del Estado como institución, puede estimarse que ha llegado su fin (...)" (Heller 2014, 198)

Parafraseando al académico, una comunidad política que no se justifique no tiene cabida en la realidad social. Para que exista una sociedad, ésta tiene que estar justificada en su cabalidad.

La pregunta de cuya respuesta se adelantan las afirmaciones anteriores es relativa al cómo se puede justificar una sociedad política por sus fines y no sólo de manera autorreferencial en razón del propio de poder.

Exclusivamente se le dará plácet justificativo a aquella sociedad que siempre apele al determinado bien en toda clase de acciones y determinaciones.

En forma de sintetizar todo lo anterior, podemos cincelar el principio dogmático ya mencionado: una comunidad política en todos los casos y bajo todos los supuestos tendrá que atender a un bien para que bajo el amparo de éste se desarrollen todas las instituciones estatales y jurídicas, para que así se generen todas las categorías de conocimiento[4] necesarias para el funcionamiento de la asociación humana en cuestión.

---

4 Para profundizar en las categorías jurídicas del conocimiento y en los dominios del saber, remitimos al lector a la siguiente obra: Michel Foucault, *A verdade e as formas jurídicas* (Rio de Janeiro, Brasil: NAU Editora, 2002),158. Robert Audi, *Epistemology* (Nueva York, Estados Unidos: Routledge, 2002), 352.

1.2 Requisito ético de la comunidad

Ya se ha mencionamos que existe una correlación necesaria entre el verdadero bien ético y las finalidades de la comunidad política.

Sin embrago lo anterior, muchos pensadores de ideología mohína y taciturna se decantan por realizar una separación total entre la política y la moralidad[5]. El mencionado intento de exposición en paralelo es desde nuestro punto de vista errado; como el lector podrá observar, en todo el presente libro, nosotros sostenemos que la dualidad integrante del *polítelos* tiene su génesis en postulados éticos.

No aceptamos que el concepto *polítelos* pueda ser ajeno a directrices éticas, pero no siendo una finalidad del libro el vincular la ética con la política[6] nosotros omitiremos un análisis exhaustivo de la relación necesaria que ha de existir entre los dos.

---

5 En este punto nos referiremos a todos los autores que han llegado a sostener que no necesariamente tiene que haber una concepción ética en la política. Incluyendo postulados realistas, neutros, amorales, inmorales o cualquier otro. Nosotros consideramos que necesariamente la política (incluyendo la finalidad del estado) tiene que estar vinculada con un verdadero concepto de bien. En caso de no ser así se podría pretender justificar regímenes fascistas o totalitarios bajo un pseudo ideal de "bien". A pesar de lo anterior y como se verá en el transcurso del libro, una política antiética igualmente podra ser sujeta de análisis mediante el concepto de *polítelos*

6 La relación ética-política ha sido objeto de numerosos trabajos de investigación. Desde los escalones más elementales en la fiolosofia se trata el aspecto ético que requieren las comunidades humanas. Entre los libros que recomendamos al lector se encuentran: (i)Hans Küng, *Una ética mundial para la economía y la política* (Ciudad de México, México: Fondo de Cultura Económica, 2002), 380. (ii) Hans Küng, *Ciencia y ética mundial,* (Madrid, España: Trotta, 2006), 469. (iii). Alfredo Cruz Prados, *Ethos y polis: bases para una reconstrucción de la filosofía política,* (Navarra, España: Eunsa, 1999), 443.

Sin embargo, lo aseverado en el párrafo precedente, en el presente apartado pretendemos dar una breve exposición dirigida únicamente hacia los lectores que se encuentran convencidos de la posibilidad de una comunidad política ajena a principios éticos. En esta explicación dejamos estrechamente en entredicho la pequeña posibilidad de que lo buscado sea un bien cuestionable. Reafirmamos que, aunque lo buscado sea un bien cuestionable, el *polítelos* seguirá existiendo.

En una relación social sería posible encontrar cuestiones fácticas que generen la capacidad de un individuo sobre otro para imponer determinaciones que impliquen obediencia del segundo (*potestas* en lugar de *auctoritas*[7]) y que estén totalmente desvinculadas de cualquier motivación éticamente sostenible.

En el supuesto planteado y si alguien pretendiera buscar el *polítelos* de dicha comunidad se encontraría que la razón de actuar tiene una causa final[8]; y ésta, a su vez, necesariamente buscará alguna consecuencia material. Los principios racionales que sustenten la consecuencia (posiblemente amoral) se tendrán como el entendimiento primero de la finalidad o bien[9] dentro en la sociedad que desplegó el acto.

---

7 *Potestas* y *auctoritas* como concepciones romanas del poder. La primera hace referencia a la facultad de mandar y ser obedecido, la segunda al saber socialmente reconocido mediante el cual la comunidad otorga reconocimiento al individuo prudente e instruido de racionalidad. Para profundizar se recomienda el libro: Juan Pablo Pampillo Baliño, *Historia General del Derecho* (Ciudad de México, México: Editorial Oxford, 2014), 52 y ss.

8 En el mismo sentido expone Aristóteles sobre las causas que existen y la forma de entenderlas en el pensamiento racional: Aristóteles, *Metafísica* (Madrid, España: Biblioteca Clásica Gredos, 2015).

9 En este caso la palabra "bien" se transforma en un oxímoron, ya que una consecuencia contra la ética nunca será bien pero, como se verá en el libro, sí estará entendida en la parte genérica del *politelos*, que es el bien común.

Por tanto, sí podemos afirmar que la finalidad (posteriormente el concepto de *polítelos*) se encuentra presente en cualquier comunidad política, independientemente del momento histórico en el que se encuentre o de los fines prácticos perseguidos.

2. EL BIEN COMÚN Y EL VALOR TELEOLÓGICO COMO CONCEPCIONES DUALES DEL MISMO CONCEPTO

2.1 Dos vertientes para el análisis de la finalidad

Anteriormente ya establecimos que, desde nuestra perspectiva, toda comunidad política debe buscar el bien. Utilizando la anterior afirmación como premisa fundamental de la investigación partiremos en la incursión de un contendido más preciso.

A partir de este punto el problema ya no será más identificar la existencia de finalidad última a perseguir por un estado. El problema ahora va a radicar en cuanto al objeto sobre el que recae la finalidad. En otras palabras, el problema consiste en la determinación de la consistencia integradora del bien buscado en una sociedad.

En la teoría política se habla mucho sobre el bien buscado, sería en extremo descomunal encontrar un publicista, de cualquiera de las ramas del conocimiento en las que converge la teoría política, que negase la importancia de este bien aristotélico en una sociedad, más allá de un nihilismo o de un relativismo radical.

Empero lo anterior, la inmensa mayoría de los publicistas y académicos tropiezan con la problemática de una investigación inconclusa.

Generalmente la doctrina es limitada y nunca ahonda en el contenido directo y profundo del bien buscado. Siempre se establece como regla la búsqueda de un "bien común" o de un "bien público temporal", pero es inaudito cuando un autor se llega a pronunciar sobre el contenido completo, y hasta ahora arcano, que se deberá dar a dicho bien; en caso de que se hiciera lo anterior se facilitaría la comprensión de esta finalidad en la asociación estatal.

Los mayores esfuerzos por la delimitación del bien común se encuentran errados, desde nuestro punto de vista. El gran traspié de los académicos no consiste ni en el volumen ni en la calidad de reflexión de lo escrito sobre el concepto, más bien el error se encuentra en el entendimiento completo del concepto pretendido. Nosotros hemos tratado de sobrepasar este error de entendimiento mediante un sustantivo nuevo que denomina en conjunto el concepto total y dual de las finalidades del estado: *polítelos.*

Este concepto se devela con la meta única de poder incluir en él un entendimiento pleno de la finalidad del estado, y, por tanto, del bien social ideado por Aristóteles.[10]

Con pretensiones expositivas, y antes del análisis particular de las dos vertientes del *polítelos,* explicaremos al lector la concepción propia y el entendimiento total que es preciso darle al vocablo ya anteriormente postulado.

Sostenemos que el bien (como fin de la comunidad política), para su correcto análisis y entendimiento en un plano atemporal, se tiene que dividir en dos partes (de igual jerarquía); estas dos partes en su conjunto serán lo que denominaremos *polítelos.*

La primera parte será lo que en el entendimiento generalizado de los autores ha sido siempre el concepto de bien común. Entendido como el bien público que persigue cualquier comunidad política y que se traduce en valores éticos generales. Este bien común tiene miras a lograr una utopía de la sociedad terrenal en la que se conceptualiza. Se trata pues de un ideal pretendidamente realizable.

---

10 Se devela en un sentido similar al plasmando por Paolo Grossi. Paolo Grossi, *Prima Lezione di diritto* (Roma, Italia: Laterza, 2007), 120.

Aunado a lo que será expuesto en el capítulo siguiente, remitimos al lector a cualquier lectura tradicional para el entendimiento correcto de este primer concepto presentado. Esto en razón de que, como ya se ha expuesto, el entendimiento de los autores sobre este principio es correcto y por tanto consideramos oportuno hacer referencia a las obras ya desarrolladas en la materia.[11]

Partiendo de que la primera parte de este concepto de *polítelos* es correcta en los autores, nosotros proponemos un segundo entendimiento del bien común. Un segundo entendimiento que lo único que pretende es concretizar la investigación científica y las reflexiones de los publicistas y filósofos para así poder tener una visión panorámica y práctica de las finalidades de cualquier sociedad en cualquier momento determinado de la historia.

La segunda parte del *polítelos* se refiere a la finalidad concreta de la comunidad política, es decir: los fines determinados que persigue una comunidad de personas en un momento especifico de la historia de la humanidad.

En un entendimiento político contemporáneo, la finalidad concreta del *polítelos* es el valor teleológico, en muchas ocasiones éste se encuentra plasmado y desarrollado en la norma suprema de un estado constitucional moderno.[12]

Puede observarse tras lo anteriormente mencionado, y a manera de epítome, que la primera parte del *polítelos* (sentido gené-

---

[11] Por ejemplo: Eduardo García Máynez, *Filosofía del Derecho* (Ciudad de México, México: Editorial Porrúa, 2015), 481 y ss.;Louis Le Fur, Gustav Radbruch, *Los Fines del Derecho: Bien Común, Justicia, Seguridad.* (Ciudad de México, México: Editorial Jus, 1944); José Llamosa García, *El bien común verdadero fin del estado.* (Ciudad de México, México: Escuela Libre de Derecho, 1961), 326; Murphy, Mark C. "The Common Good" The Review of Metaphysics 59, no. 1 (2005): 133–64. http://www.jstor.org/stable/20130579. (consultado el 25 de enero de 2021); entre otras.

[12] Punto de derecho constitucional que se analizará en la segunda parte de esta obra.

rico) es la finalidad social, filosófica y amplia establecida desde la política de Aristóteles.[13] La finalidad plasmada en ideales abstractos de bien.

En cambio, la segunda parte del *polítelos* (sentido concreto) es el valor teleológico que va a perseguir una sociedad determinada en un momento histórico preciso y en un contexto social particular; lo cual hace que esta segunda parte sea en extremo variable y dependa del objeto y lugar de estudio del cual se parta.

2.2 Delimitación del bien común o de la finalidad genérica

Reafirmamos que existe una comprensión poco profunda de lo que se entiende por bien común. La gran mayoría de estudiosos pretenden encasillar al bien común como la finalidad única del estado. Otorgarle todas las atribuciones que en nuestra propuesta comprenden al *polítelos*. El problema de lo anterior es que al considerar análogos ambos términos se genera un problema reflexivo que impide el entendimiento cabal de la finalidad de una sociedad.

Partiendo de los conceptos anteriormente esbozados trataremos nosotros de presentar las ideas que existen sobre esta finalidad genérica. Se expondrá lo que entiende en promedio un académico al momento de enfrentarse a la idea de bien común.

Esta primera categoría del *polítelos* comprende únicamente lo que desde un punto de vista teórico, filosófico e incluso jurídico se va a entender por bien común.

Hay muchos autores que identifican el bien común con el *polítelos* de una sociedad, hasta el entendimiento actual no es del todo incorrecto, pero para efectos de un entendimiento cabal lo correcto es no usar estas palabras como equivalentes. A partir de

---

13 Aristóteles, *op. cit. 210.*

este momento nos referiremos al bien común únicamente como este aspecto genérico del *polítelos*.

El bien común, como ya se adelantaba, son los ideales universales sostenidos en un pretendido objetivismo ético que permanecen prácticamente inmutables y que sólo podrían ser conocidos por la persona a través de la filosofía, ergo brindan un haz de luz mediante el cual las sociedades se construyen y adoptan sus valores teleológicos.

Por tanto, el entendimiento del bien común, desde ahora, será siempre en un espectro principalmente metafísico del cual únicamente se extraerá la esencia de determinados valores éticos que una sociedad, en un ejercicio reflexivo y buscando lo mejor para la mayoría de las personas[14] pretende jerarquizar como la máxima del bien para todos.

Un error supremo que cometen varios autores al analizar el bien común es que no lo definen como una finalidad abstracta. En el anterior sentido John Rawls cuando define al bien común como: "Condiciones generales que producen el mismo beneficio para todos".[15]

La corriente de pensamiento que sostiene lo anterior y determina al bien común como un medio es errada, esto a causa esto de dos motivos principales. Primero se equivoca al partir de la

---

14 Lo anterior evitando el utilitarismo propuesto por J. Stuart Mill y J. Bentham. Para adentrarse en los conceptos que se esbozan, recomendamos al lector: Katarzyna Lazari-Radek y Peter Singer, *Utilitarianism: A Very Short Introduction* (Oxfordshire, Inglaterra: Oxford University Press, 2017).

15 Traducción de la edición mexicana por María Dolores González en John Rawls, *Teoría de la justicia* (Ciudad de México, México: Fondo de Cultura Económica, 2018), 232. En la versión original en inglés se transcribe: "*The common good I think of as certain general conditions that are in an appropriate sense equally to everyone's advantage*" John Rawls, *A Theory of Justice* (Massachusetts, Estados Unidos: Harvard University Press, 1999), 217.

existencia de condiciones en el valor abstracto; debido precisamente a su naturaleza el bien común es independiente de una centralización directa en la sociedad, sólo se puede analizar cómo el objetivo ético de las finalidades que es elevado por la comunidad política primaria.

El segundo error de esta corriente de pensamiento es pretender que se tiene que contraponer al concepto de bien común con el bienestar individual o personal; el bien común como ideal ético comprende los presupuestos tanto de la esfera personal como de la esfera social.

A la par de lo anteriormente señalado, acompañamos la mención de que el bien común buscado en sociedad producirá (tanto en los ciudadanos como en todas las personas que compongan la colectividad) los medios y vías idóneos para que cada uno de los sujetos de forma individual se pueda desarrollar de manera personal y alcanzar por sí mismo la finalidad única de cada ser humano, que es la felicidad.

a. Analogados de esta finalidad

Se puede traducir la idea aristotélica de bien en muchos conceptos diversos que, aunque varíen de nomenclatura, el contenido será el mismo. Ejemplo de lo anterior es el bien común, bien público temporal, bienestar general u otros.

Nosotros hemos decidido utilizar el vocablo de bien común como el definitivo para nombrar a esta primera característica del *polítelos.* Sin embargo, no negamos el razonamiento que subyace en los otros términos.

Las razones por las que nosotros determinamos que el bien común era el mejor termino fueron dos: (i) Método de descarte y (ii) Principio de parsimonia.[16]

---

16 Principio metodológico conocido también como la Navaja de Ockham en memoria del escolástico y filosofo Guillermo de Ockham. Frederick

Partimos del análisis de los conceptos más frecuentemente utilizados para definir la finalidad de la comunidad política, posteriormente determinamos que, entre la existencia variada de términos para nombrar lo mismo, sería en provecho del lector que escogiéremos la forma más sencilla para nombrar a esta finalidad genérica; siendo ésta el bien común.

Como ya se adelantaba, los conceptos más frecuentes con los que se designa a este bien aristotélico de cualquier sociedad son:

- Bien común
- Bien de la comunidad
- Bien público temporal
- Bien general
- Bienestar público

Ya mencionamos a forma de definición la idea que tiene que existir sobre el bien común; en este entendimiento retomamos aspectos diversos de amplias contemplaciones por parte de diversos autores.

Evitamos entrar al análisis de cada concepto en particular ya que aceptamos que cada uno de los diversos entendimientos de esta finalidad en sentido abstracto pueda ser privativa de algunas ideas, pero estimamos conveniente unirlas todas para que sólo haya un entendimiento único de esta parte genérica del *polítelos*.

En consecuencia, de lo anterior afirmamos que cualquier forma de designar al bien común es correcta, siempre y cuando se refiera a una finalidad social que fije su sentir y sus pretensiones en una visión de lo correcto para un grupo de personas, y que a su vez, esta se manifieste únicamente como ideales éticos, en principio abstractos, sujetos a variar en su superficialidad dependiendo

---

Copleston, *A History of Philosophy vol. III Late Mediaeval and Renaissance Philosophy* (Oregon, Estados Unidos: Image Books Publisher, 1993), 43-122.

la sociedad en que este bien común aterrice (esta variación se conoce como valor teleológico y se explica en el siguiente capítulo).

Un último comentario, de suma pertinencia, sobre las denominaciones de bien común. Consideramos muy importante establecer que existe una total diferencia entre los conceptos para designar la finalidad genérica del estado y el concepto de bienestar general o estado de bienestar (general welfare o welfare state).

Los dos conceptos si bien en algún punto se pudieron referir a lo que nosotros hoy entendemos por la finalidad genérica de una comunidad política.

Hoy se ha desarrollado este segundo concepto en las ciencias económicas y políticas como un régimen que otorga a los ciudadanos las facilidades necesarias para procurar el desarrollo[17]; por tanto, no los podemos comprender dentro del bien común, ya que, aunque pueden estar visualizadas las metas del estado si los tomásemos como sinónimos estaríamos cometiendo el error de confundir a la especie con su género.

b. Composición plural de directrices éticas

Consideramos de trascendente importancia terminar la explicación de la finalidad genérica de una comunidad política mencionando que el bien común puede manifestarse en forma compleja, es decir con múltiples elementos integradores.

Como ya se estableció, el bien común es la bandera que marca el objetivo de una comunidad política con fundamento en alguna directriz sostenida en razón y solventada por la ética.

---

17 Para profundizar en el análisis del Estado de bienestar ampliamente recomendamos la siguiente bibliografía: Henry St. George Tucker. "The General Welfare" Virginia Law Review 8, no. 3 (1922): 167–80. https://doi.org/10.2307/1063438. (consultado el 11 de noviembre de 2020); "The General Welfare Clause: The Hamiltonian And Madisonian Views" American Bar Association Journal 22, No. 2 (1936): 115–40. http://www.jstor.org/stable/25712036. (consultado el 26 de enero de 2021).

Lo que hasta este punto no hemos mencionado es que esta finalidad ética puede estar compuesta de una cantidad amplia de diferentes valores que se jerarquizaran mediante el valor teleológico pero que parten del bien común.

Un ejemplo, en alguna comunidad política hipotética, se podría haber ensimismado los principios de seguridad, justicia, democracia, igualdad y confesionalismo a su actuar social y político, por lo cual estos principios -*a priori* de traducirse en un valor teleológico- compondrán las máximas rectoras de toda la comunidad.

2.3 Delimitación del valor teleológico o de la finalidad concreta

Dejando de lado el entendimiento de el bien común en su sentido genérico como primer elemento del *polítelos*, pretendemos ahora desarrollar lo que se debe entender por el valor teleológico del estado o por la segunda parte del polítelos.

La determinación del valor teleológico, generalmente, es más compleja que la determinación del bien común. La razón de lo anterior es que el valor teleológico no se puede generalizar como uno en diversas comunidades políticas ni pretenderse como estático durante un periodo prolongado de tiempo.

El valor teleológico va a tener como objeto de estudio a una comunidad política concreta; estará condicionado necesariamente por las circunstancias particulares de cada sociedad que se pretenda analizar.

Las leyes fundamentales delimitaran aspectos prácticos y específicos del bien común, se hará una materialización específica para ampliar sobre las bases éticas establecidas desde un primer momento.

Principalmente el contenido del valor teleológico se extrae del bien común y se doblega ante las circunstancias políticas, sociales, económicas e históricas de una comunidad política en específico.

El valor teleológico serán los fines perseguidos por una comunidad política concreta en un punto histórico determinado y el desarrollo de los valores éticos planteados en primera instancia por el bien común. La forma correcta para identificar el valor teleológico es visualizar los elementos positivos y el desarrollo de instituciones a los que una comunidad política pretende aspirar.

Se puede realizar lo anterior si se toma el contenido del bien común y se pone en contexto del orden jurídico vigente y de jerarquía suprema. Igualmente, y en los casos en que el bien común no se reconoce de forma explícita por parte de la comunidad política, el valor teleológico se encontrará en la esencia y desarrollo de las figuras jurídicas que sí se expresan de forma manifiesta.

Este valor teleológico está presente en cualquier sociedad que haya existido o en cualquier sociedad humanamente imaginable.

Un ejemplo de lo anterior lo encontramos en la perfecta alegoría literaria de la sociedad que realiza el premio nobel de literatura de 1983: William Golding. En su obra cúspide *El señor de las moscas* se establecen los tres pilares constitutivos del valor teleológico de su comunidad en la isla.[18]

Los tres valores teleológicos que manifiesta el jefe de la comunidad en asamblea solemne de la caracola son:

- La importancia de la fogata como medio de subsistencia de la comunidad
- La función de las rocas para las necesidades personales de los individuos
- La protección de la isla ante un incendio clase A[19]

---

18 William Golding, *El señor de las moscas* (Barcelona, España: Ediciones Altaya, 1995), 113.

19 Determinación anacrónica de la clase, pero conforme a regulación vigente en México mediante la NOM-002-STPS-2010,4.11 y el estándar NFPA 10-2013,3.3.4 de los Estados Unidos de Norteamérica

Los tres valores teleológicos mencionados componen en su conjunto lo que esta comunidad política primitiva entendería como la conceptualización de un bien común (que podría ser su autoprotección) a su pequeña sociedad en particular que se encuentra limitada en tanto a instituciones y organización.

Como se observa, el valor teleológico es propio de cada comunidad siendo un mero accidente de la praxis si se entiende de la misma forma en más de dos sociedades independientes entre sí.

Uno de los propósitos del presente libro consiste en la develación del bien común, igual que, en analizar esta segunda parte del *polítelos* -valor teleológico- en los documentos generados desde la revolución de independencia de México hasta las modificaciones comprendidas en la constitución mexicana del siglo XX.[20] Es decir: el cambio en el *polítelos* durante toda la primera y segunda etapa histórica-constitucional del Estado Mexicano como comunidad política independiente.

3. EL *POLÍTELOS* COMO CONCEPTO ÓPTIMO PARA EL ANÁLISIS DE LA FINALIDAD DE UNA COMUNIDAD POLÍTICA

Si bien ya habíamos adelantado la existencia del término *polítelos*, en este capítulo adentrarnos al concepto y a su necesidad para el análisis de la sociedad.

El presente apartado, si bien corto, se reviste de una importancia culminante referente al ambiente de estudio del *polítelos*. En las próximas líneas nosotros vamos a responder una pregunta me-

---

20 Es términos concretos nos referimos desde el Bando de Hidalgo presente como primer documento de trascendencia a la esencia constitucional hasta las reformas constitucionales vigentes (y relevantes) publicadas en 2022.

todológica y doctrinal elemental para la incorporación del *polítelos* como categoría académica.

La pregunta que pretendemos responder es: ¿por qué *polítelos*?

El saber la razón detrás de la necesidad de incorporar el estudio de nuestro nuevo concepto a la sociedad es de suma importancia. Después de diversos análisis de la sociedad, jurídicos y dentro de la teoría política nos damos cuenta de que las reflexiones en torno a la finalidad de una comunidad política siempre sen ven limitadas por un mismo factor. La imprecisión ideología de la finalidad como concepto sistematizado es la restricción que genera la necesidad de existencia del término *polítelos*.

Al buscar entender una sociedad o al buscar legitimar una sociedad por sus fines es muy importante entender que es eso a lo que la sociedad aspira. Las metas que permiten la continuidad social en la búsqueda escalonada del objetivo. La mejor manera de hacerlo es mediante el *polítelos*. El análisis dual que brinda el *polítelos* permite entender los fines abstractos y generales de igual manera que los fines concretos y específicos.

Determinar el bien común y el valor teleológico tiene beneficios teóricos y prácticos. Por un lado, como ya se adelantaba, en el aspecto teórico, permite entender adecuadamente a la comunidad política en concreto. La sectorización del conocimiento mediante el concepto permite analizar las instituciones sociales a través de una óptica nueva que yergue más opciones para tender organizadas las ideas y conceptos mentales de una mejor forma.

Por otro lado, en el aspecto práctico, el uso y manejo del *polítelos* permitirá que los factores políticos y reales de poder puedan encaminar sus luchas a la concesión particular del fin.

Un ejemplo claro del *polítelos* en la transformación de la realidad práctica se daría en el ámbito parlamentario. Es mucho más sencillo lograr un conceso político sobre el bien común que sobre su valor teleológico. En este supuesto el uso del *polítelos* abreviaría interminables debates moralistas específicos en un congreso.

Igualmente es más sencillo encaminar la reconceptualización de los valores teleológicos particulares de una persona que modificar entendimientos abstractos de bien que tenga la misma.

Parte II.

Derecho constitucional y polítelos

1.ASPECTOS GENERALES DEL DERECHO CONSTITUCIONAL Y SOBRE LA CONSTITUCIONALIZACIÓN DE LOS FINES DEL ESTADO

Hasta este punto nosotros ya expusimos de forma breve y conceptual el entendimiento que se requiere tener por el novedoso concepto de *polítelos*. Esta segunda parte del trabajo nos servirá como capitulo conector entre lo jurídico y el *polítelos*; pretendemos aquí vincular el *polítelos* con el derecho constitucional.[1]

Como ya se ha analizado por académicos en repetidas ocasiones, el estudio de una teoría constitucional da el marco intelectual suficiente para el estudio de cualquier documento de máxima jerarquía dado en asamblea.

Nuestro principal propósito es el navegar dentro del mar de teoría constitucional con miras hacia la determinación concreta de la posición, que guarda tanto el bien común como el valor teleológico en una constitución nacional.

En los cinco primeros incisos de esta parte nos evocaremos a esbozar partes generales ya muy conocidas de la teoría constitucional.

---

1 Generalmente para el estudio del derecho constitucional en la academia se han entendido dos momentos diferentes, el estudio de la teoría de la constitución y el estudio del texto positivo comprendido en un documento fundamental. En la presente parte del estudio nos basamos en el primer punto del estudio constitucional.

Partiendo de que el lector de este libro puede o no ser un docto en materia jurídica, nosotros no expondremos el tema como lo haría un texto científico en materia constitucional, expondremos los temas de los cinco primeros incisos de forma resumida, concentrada y únicamente resaltando los aspectos trascendentales al tema del libro, es decir, sólo mencionaremos cuanto nos sea útil para generar el panorama comprensivo adecuado y para propiciar entendimiento del *polítelos*.

Pasado el primer capítulo de este apartado haremos un ejercicio reflexivo sobre el vínculo entre el *polítelos*, las constituciones y dos especificas constituciones positivas.

1.-Concepto de Constitución

La constitución es el máximo documento dentro del orden jurídico de un estado[2]. Un estudio a profundidad sobre la naturaleza de un documento constitucional y su contenido podría ser tema de un libro completo. Para cumplir con nuestros requerimientos propuestos y postulados, en el presente trabajo nosotros proponemos, después de un análisis exhaustivo, el concepto de constitución desde el cual desarrollaremos el resto del capitulado.

El concepto de constitución que nosotros proponemos es el siguiente: "El conjunto equilibrado de reglas y de principios jurídicos fundamentales, que sientan las características esenciales de la comunidad política, que ordenan a los órganos supremos de un estado, y que establecen las bases para el desarrollo del ordenamiento jurídico; y todo con miras a la realización del *polítelos*"

---

2 Si bien esta es la opinión del autor del presente libro, podemos encontrar en la doctrina a académicos que sostienen una crítica a la verticalidad del ordenamiento jurídico y el necesario entendimiento de un orden jurídico en términos horizontales. Rafael Estrada Michel, *Obedezco pero no cumplo, Lecturas para los programas de Iushistoria Constitucional en México* (Ciudad de México, México: Tirant lo Blanch, 2020), 400-404.

Utilizando como punto de partida al concepto propuesto, pretendemos nosotros desarrollar la idea del *polítelos* en un plano constitucional, para así, con posterioridad, poderla entender en el orden jurídico mexicano.

2.- División de la Constitución

Típicamente se divide a la constitución moderna en dos apartados, la parte orgánica y la parte dogmática de la constitución. El entendimiento generalizado encuentra en la parte orgánica todos aquellos preceptos en los cuales la constitución ordena a los tres poderes del estado[3]; en la parte dogmática se encuentran los derechos reconocidos a las personas, aquellos que actualmente se designan con el nombre de derechos humanos.

Reconocemos la utilidad pedagógica que tiene la anterior división, sin embargo, nosotros la vamos a dejar a un lado para efectos del presente trabajo. Como logrará el lector ver en la Parte III, nosotros proponemos una división constitucional distinta, basada en las implicaciones constitucionales al *polítelos.*

Nosotros planteamos que para el análisis del *polítelos* una constitución se tiene que analizar por sus fines, dejamos de lado las regulaciones que si bien esenciales para el orden estatal, son intrascendentes para el entendimiento de la finalidad del estado.[4]

---

3 La mención de los tres poderes hace referencia al entendimiento clásico de que el poder es uno y se divide para su ejercicio en tres, sin embargo, no ignoramos las posiciones que sugieren que podría llegar a ser esto diferente en algún estado o comunidad política

4 Por ejemplo, el procedimiento de elección de senadores; la forma en la que se nombran ha sido muy diferente en las diversas leyes fundamentales, ha ido desde la elección por parte de los congresos estatales hasta la elección directa por parte del pueblo. Si bien no restamos importancia al contenido sustantivo de la disposición lo consideramos de carente importancia para determinar la esencia del constitucionalismo mexicano y por tanto del *politelos.*

Continuando con lo anterior y buscando el análisis de la constitución por sus fines, nosotros vamos a hacer la división constitucional en dos rubros, analizando únicamente el segundo a consecuencia de que éste es el que se vincula con el polítelos.

El primer rubro es referente a la organización de los poderes del estado de forma específica y regulatoria; forma mediante la cual se gestan las diversas normas secundarias que componen el orden jurídico estatal. Podrían bien encajar en estudios de este primer rubro todos los relativos a el poder legislativo y sus facultades (entre ellas la creadora de normas es la más importante); los estudios relativos al poder judicial y sus facultades interpretativas y de tutela de la constitución; los estudios relativos al poder ejecutivo y a todas las dependencias de la administración pública; los estudios relativos a los organismos constitucionales autónomos y su justificación en la realidad de un país; los estudios relativos a la regulación de la economía en su espectro principal; e incluso caben en este rubro los estudios relativos a la convivencia armónica de los poderes federales con los poderes de las entidades federativas.

El segundo rubro es referente a los fines del estado (al *polítelos*). Distíngase en este rubro el bien común como ya fue definido en la primera parte del presente trabajo y al valor teleológico del estado como aquel bien común determinado de forma directa, especifica y posiblemente textual en la constitución aplicable a una sociedad concreta.

3.- Clasificaciones constitucionales

La doctrina ha desarrollado un numero masivo de distintas clasificaciones constitucionales. Ejemplo de lo anterior: constituciones rígidas y flexibles, constituciones originarias y constituciones derivadas[5], constituciones otorgadas, impuestas, pactadas, ratificadas[6], etcétera.

Nosotros estimamos que de todas las clasificaciones existentes la única que podría presentar problemas mayores para el entendimiento del *polítelos*, en las constituciones, es la clasificación de acuerdo a su forma: constituciones escritas (codificadas) o constituciones no escritas (dispersas).

Esta última clasificación propuesta tiene dos vertientes, por un lado, las constituciones escritas son aquellas que partiendo de un momento político especifico se sancionó y promulgó un documento unitario, ordenado, y preciso en el cual se hace constar la máxima representación de la voluntad de una nación en cuestión.

Por el otro lado, las constituciones no escritas son aquellas en las cuales los elementos constitucionales[7] se encuentran presentes en distintos documentos emanados del órgano legislativo que tienen su sanción y promulgación en puntos históricos distintos y que no contienen una unicidad en los preceptos.

El problema que nosotros encontramos, y en este punto solucionamos, es que el lector podría tropezar en las constituciones no escritas con una complicación para determinar la existencia del *polítelos*, incluso podría el lector llegar a dudar sobre su existencia en una constitución no escrita.

---

5 Para más sobre esta clasificación consultar: Karl Loewenstein, *Teoría de la Constitución.* (Barcelona, España: Ariel, 1982), 209 y ss.

6 Felipe Tena Ramírez, *Derecho Constitucional Mexicano* (Ciudad de México, México: Editorial Porrúa, 2013), 73.

7 Elementos que se encuentran presentes en nuestra definición de constitución expuesta al principio de la segunda parte de la obra.

La primera afirmación es que en cualquier estado[8] existe un *polítelos*. El problema se centrará en la forma de vislumbrarlo. En un estado moderno la manera es extraerlo del documento fundamental, y en los casos de constituciones no escritas, la forma de resolver el aparente problema es reunir todos los documentos fundamentales o con jerarquía máxima y tratarlos de manera mancomunada a efectos de realizar el estudio concreto en el estado escogido.

4.- Poder constituyente

Existe una importancia entre la relación de poder constituyente con el *polítelos* de un estado. Al ejercer un pueblo su soberanía y componer una constitución a través del poder constituyente, éste establece en el texto constitucional principios rectores de todo el derecho estatal que se desarrollará. El constituyente puede plasmar en el texto constitucional un *polítelos* del estado que promulgará la constitución.

En muchos casos el poder constituyente no se pronunciará respecto a los principios éticos integrantes del bien común de un estado, tal es el supuesto de aquella constitución que únicamente determina las bases orgánicas del estado o que únicamente pretende reconocer atribuciones a las personas bajo jurisdicción del estado.

En el supuesto en cuestión la solución que proponemos, de forma innovadora, es nutrir de contenido al bien común mediante una abstracción racional de los conceptos establecidos en el valor teleológico. Verbigracia de lo anterior: de una constitución que sólo establezca las características de los poderes ejecutivo, legislativo y judicial se podría extraer que parte de aquellas ca-

---

8 Hacemos énfasis particular en el estado, pero la afirmación es válida para cualquier comunidad política, existente o que haya existido, como se establece desde la primera parte del libro.

racterísticas conforman su valor teleológico y que, entre otros, la división de poderes como principio moderador del constitucionalismo moderno es una parte del entendimiento que aquella sociedad tiene por el bien común. Ambos conceptos en su conjunto serían el *polítelos* de aquella sociedad.

Siempre establecerá, el constituyente, a través de cualquier constitución moderna las directrices que compondrán el valor teleológico del estado.

El establecimiento del valor teleológico de un estado que realizará el constituyente se puede dar incluso con ignorancia de los miembros que componen la asamblea. La anterior afirmación la sostenemos explicando que el constituyente siempre velará por los intereses de la sociedad, establecerá un piso mínimo de regulación y características que compondrán la esencia constitucional constitutiva del estado. Por tanto, podemos afirmar que siempre que exista constitución es de su atributo contener un valor teleológico.

5.- Supremacía constitucional

El maestro A. Soto F., en la obra colectiva de la Universidad Nacional Autónoma de México, define a la supremacía constitucional como "Aquella cualidad que posee únicamente la Constitución (sic) como norma jurídica, al ser el punto de partida de legitimidad de todo el orden jurídico de un país o un territorio determinado"[9]. Podemos partir de la anterior definición para determinar, de conformidad con los propósitos de este libro, que al estar la constitución en el pináculo del ordenamiento jurídico todas las normas jurídicas que se encuentren en el derecho estatal tendrán que estar en conformidad con la ley suprema.

---

9 Barragán, José, coord. *Teoría de la Constitución.* (Ciudad de México, México: Editorial Porrúa, 2018), 145 y ss.

El *polítelos* al ser parte de la norma constitucional -y su finalidad misma- se encontrará en posición superior a cualquier otra regulación que exista en el estado. Para júbilo de este libro, en el derecho positivo vigente mexicano, un tribunal colegiado, integrante del poder judicial de la federación, ya reconoció lo planteado por nosotros en este apartado.

El primer Tribunal Colegiado de Circuito del centro auxiliar de la décima región en el amparo en revisión 855/2017 se pronuncia de conformidad con lo planteado en este libro.

Los juzgadores competentes en el sistema jurídico mexicano determinaron que los principios establecidos en la norma fundamental, que marcan su supremacía en el orden jurídico nacional, son parte integrante y completa del orden constitucional. Un hecho humano que se opusiera a los principios del bien común (del *polítelos*) se contrapondría directamente con el contenido constitucional como si se tratara de una violación al texto positivo y regulatorito.

De todo lo anterior se le da carácter de vigente a lo establecido por nosotros en este libro y se podría abrir la puerta a un mecanismo de control de constitucionalidad para actos que se alejan del *polítelos*.[10]

---

[10] A la letra se transcriben texto y datos de localización de, la resolución del tribunal
"PRIMER TRIBUNAL COLEGIADO DE CIRCUITO DEL CENTRO AUXILIAR DE LA DÉCIMA REGIÓN.
Amparo en revisión 855/2017 (cuaderno auxiliar 502/2018) del índice del Primer Tribunal Colegiado del Vigésimo Cuarto Circuito, con apoyo del Primer Tribunal Colegiado de Circuito del Centro Auxiliar de la Décima Región, con residencia en Saltillo, Coahuila de Zaragoza. Tesorero y Director de Catastro Municipal, ambos del Ayuntamiento Constitucional de Bahía de Banderas, Nayarit. 21 de junio de 2018. Unanimidad de votos. Ponente: Víctor Antonio Pescador Cano. Secretaria: Marcela Ernestina Rubio Peña.

En otras palabras, en una interpretación de derecho constitucional positivo mexicano -tomando en cuenta nuestra definición de constitución y hipótesis del libro- podríamos decir que el Poder Judicial de la Federación en México, tiene la facultad e incluso obligación de declarar inconstitucional a cualquier ordenanza pretendidamente legal en caso de que ésta fuera en contra del *polítelos*.

6.- El polítelos y la constitución

Llegamos al punto en el que lo mencionado anteriormente de manera indiciaria se tiene que hacer expreso. En estos dos últimos incisos de la segunda parte tenemos la meta primaria de poner en contexto directamente práctico todo lo anteriormente tratado en esta parte del libro.

Ya se estableció que el *polítelos* se compone tanto de bien común como de valor teleológico. Sin embargo, es muy importante volver a mencionar que los dos componentes siempre existentes

---

Registro digital: 2017841 **Instancia:** Tribunales Colegiados de Circuito **Décima Época Materia(s):** Constitucional **Tesis:** (X Región)1o.1 CS (10a.) **Fuente:** Gaceta del Semanario Judicial de la Federación. Libro 58, septiembre de 2018, Tomo III, página 2571.

> "SUPREMACÍA DE LA CONSTITUCIÓN POLÍTICA DE LOS ESTADOS UNIDOS MEXICANOS. ES NORMATIVA E IDEOLÓGICA.
> La Constitución Política de los Estados Unidos Mexicanos es la base del sistema jurídico-político nacional, la cual, como Norma Fundamental, establece valores, principios y reglas de observancia para todos los componentes del Estado, llámense autoridades o gobernados. En estas condiciones, cuando un juzgador haga obedecer la Constitución, debe hacer prevalecer sus reglas jurídicas en igual proporción que el espíritu que las anima, esto es, su techo ideológico, pues la supremacía de la Carta Magna es normativa e ideológica; de ahí que tan inconstitucionales son los actos que se apartan de su letra, como los que se encuentran ayunos de su teleología."

se manifiestan de forma diferente en todas las expresiones constitucionales de los diversos estados.

Es muy probable que el bien común no se encuentre en un texto constitucional de forma directa o explícita.[11] Como ya se adelantaba, en los casos en los que no se exprese el bien común de forma directa éste se podrá abstraer con una síntesis e interpretación armónica de los demás preceptos; mediante lo anterior se pueda condensar la esencia constitucional en sus principios éticos que rigen a la totalidad del orden jurídico.

7.- Constituciones actuales y polítelos

Lo mejor de una buena teoría es que se puede incorporar a la práctica de manera muy sencilla; por tanto, en este último inciso de la segunda parte del libro pretendemos concretar todo lo ya expuesto en el análisis del *polítelos*, esto mediante el estudio de la presencia de este en dos piezas de ingeniería jurídica consideradas como unas de las constituciones más antiguas y relevantes dentro del constitucionalismo moderno. Haremos un estudio pequeño, grácil y concreto que tendrá como única finalidad el incorporar los conceptos ya planteados a la práctica en la realidad constitucional comparada.

Primero analizaremos el *polítelos* en la constitución de los Estados Unidos de América que se aprueba el 17 de septiembre de 1787 y que entra en vigor el 21 de junio de 1788 cuando el estado de Nueva Hampshire la ratifica. Se incluye en el análisis del po-

---

11 Una causa puede ser la ya planteada y referente al poder constituyente. En paralelo a lo anterior, podrían existir más causas por las que el bien común no se encuentre de forma directa en la constitución, por ejemplo: una reforma del constituyente permanente en la que por desconocimiento abrogue parte positiva del *politelos* del texto supremo.

lítelos a todas las modificaciones, reformas y enmiendas[12] que se realizaron desde su promulgación hasta la fecha de publicación del presente libro.

En segundo lugar, analizaremos el *polítelos* presente en el texto constitucional del Reino de Noruega del 17 de mayo de 1814. Igualmente, se incluye en el análisis del *polítelos* las modificaciones, reformas y enmiendas.[13]

a. Constitución de Los Estados Unidos de América

La constitución del estado norteamericano es considerada por muchos la constitución moderna más antigua del mundo.[14] Es un verdadero logro de la sociedad estadounidense que esta norma jurídica siga siendo el pináculo de su sistema jurídico. Uno de los aspectos más fascinantes de este documento es la forma en la que manifiesta el *polítelos.*

---

12 Si bien es cierto que en la teoría constitucional existe una diferencia entre las tres formas mencionados para alterar el texto constitucional. Nosotros evitamos esta discusión a causa de no ser de importancia vital para el entendimiento del *politelos*; por tanto, referimos al lector a las siguientes lecturas en caso de que dese profundizar sobre las formas jurídicas de variar el texto constitucional: Barragán, *Op. Cit.* 183-223; Albert, Richard. "Constitutional Amendment by Constitutional Desuetude" The American Journal of Comparative Law 62, no. 3 (2014): 641–86. http://www.jstor.org/stable/43669515. (consultado el 26 de mayo de 2021); William Quigley, *Ending Poverty As We Know It: Guaranteeing A Right To A Job.* (Pennsylvania, Estados Unidos: Temple University Press, 2013).

13 Hemos decidido escoger la constitución noruega ya que esta se presentó en un momento histórico cúspide para el constitucionalismo global; la constitución todavía sigue siendo objeto de análisis varios en la academia.

14 Hay persona que le atribuyen esta característica a las Leyes Estatutarias de San Marino (*Leges Statutae Republicae Sancti Marini*). Nosotros no nos meteremos a la discusión doctrinal planteada, pero somos partidarios que la constitución de los Estados Unidos de América es la primera constitución moderna que se presenta en la historia universal.

En este inciso analizaremos el polítelos constitucional del mencionado documento, tomándolo de forma genérica en toda la continuidad histórica del país.

Desde el preámbulo constitucional existe una mención expresa al bien común, se mencionan que la abstracción que busca esta sociedad se entenderá primariamente en los siguientes valores:

- Unión perfecta
- Justicia
- Tranquilidad interior
- Defensa
- Bienestar general[15]
- Libertad
- Prosperidad[16]

Igualmente podemos extraer del texto constitucional otros valores que componen el bien común en el entendimiento norteamericano como lo son: los límites al poder público, la división de poderes y el sistema federal. Todos ellos como los principios para la concepción del bien común por parte de los padres fundadores norteamericanos.

---

15 Recalcamos la importancia de nunca confundir bien común con bienestar general. Tema ya abordado en la primera parte.

16 Traducción de los valores realizada en la edición: Rubén Minutti, *et al. The Constitution of the United States * La Constitución de los Estados Unidos* (Ciudad de México, México: Editorial Porrúa, 2017), 3. El texto original del preámbulo donde se conceptualizan estos valores se cita de la siguiente manera: "*We the People of the United States, in Order to form a more perfect Union, establish Justice, insure domestic Tranquility, provide for the common defence, promote the general Welfare, and secure the Blessings of Liberty to ourselves and our Posterity, do ordain and establish this Constitution for the United States of America.*"

Cronológicamente después de que se ratificara el texto constitucional, el miércoles 4 de marzo de 1789 se reúne el congreso y mediante las previsiones para adición a la constitución proponen las primeras enmiendas al documento fundamental. Tarea que es consumada[17] el día 7 de mayo de 1992 cuando se ratifica la enmienda vigesimoséptima.

Del otro lado de la moneda encontramos al valor teleológico, en esta experiencia constitucional[18] podemos extraer los componentes de éste principalmente de la declaración de derechos fundamentales[19] que compone las enmiendas a la misma constitución; igualmente que los aspectos regulatorios directos sobre lo ya tratado como el bien común.

Hay principios rectores del gobierno norteamericano que los estados de la federación desean incorporar al texto constitucional y así cumplir con su ideal de bien común.

Afluentemente se ha escrito sobre los derechos humanos en la constitución norteamericana; por tanto, nuestro objetivo no es contribuir a las interpretaciones y alcances de los mismos.

Pretendemos únicamente utilizarlos como ejemplificación del valor teleológico en la composición del *polítelos,* para así entender que aspectos concretos enmiendas norteamericanas son la finalidad en sentido concreto de aquel estado.

---

17 Si bien se dice que la tarea esta consumada esto no se refiere a que exista imposibilidad por parte del congreso norteamericano para modificar el texto constitucional. La consumación se refiere a que a la fecha de redacción de este libro la mencionada ha sido la última labor modificatoria del documento fundamental de los Estados Unidos de América.

18 Experiencia en diferente sentido al planteamiento de John Henry Merryman y Rogelio Pérez-Perdomo, *La tradición Jurídica Romano-Canónica* (Ciudad de México, México: Fondo de Cultura Económica, 2017).

19 La constitución norteamericana no utiliza la categoría de derechos fundamentales, nosotros por el contenido y la pertinencia sí hemos decidido utilizarla. Minutti, *et al. op. cit.* 3 y ss.

Ejemplos de los derechos comprendidos en estas enmiendas son: libertad religiosa, libertad de expresión, derecho a armarse, derecho a juicio por jurado, garantías criminales, prohibición de la esclavitud, igualdad ante la ley, entre otros.

Es importante comentar que los derechos fundamentales manejados mediante un entendimiento abstracto son igualmente integrantes de los valores éticos del estado y por tanto, hasta su concretización, son parte del bien común.

b. Constitución del Reino de Noruega[20]

La segunda constitución de la cual analizaremos los elementos de su polítelos es la del Reino de Noruega, cabe el mismo comentario que en el apéndice anterior referente a que centraremos el análisis al texto constitucional vigente al momento de redacción de las páginas del presente libro[21], por tanto, en este punto omitimos un análisis en la continuidad temporal del *polítelos.*

Esta constitución se consideró innovadora en la época de redacción sin embargo no se incluyen tantos ideales que comprende el bien común. De manera directa únicamente se mencionan unos pocos; a pesar de lo anterior, basándonos en lo ya explicado en este mismo capítulo, extraeremos el bien común de forma armónica.

Primero que nada, sí se mencionan ideales como base del bien común. Estos ideales son específicamente: la libertad, la indepen-

---

20 Traducción no oficial pero revisada en inglés por la Asamblea General Noruega (*Storting*). Recuperada mediante internet de la página de la fundación Lovdata, misma que fue establecida en un esfuerzo conjunto entre la Secretaria de Justicia y Seguridad Publica del Reino de Noruega y la Facultad de Derecho de la Universidad de Oslo, consultada de forma digital en: https://lovdata.no/dokument/NLE/lov/1814-05-17 el día 1 de febrero de 2021.

21 Ultima reforma constitucional realizada el día 12 de enero de 2023.

dencia la indivisibilidad, unidad, cristiandad, sentimiento humanístico, monarquía hereditaria, etcétera.[22]

De una forma exegética, consideramos que los principales valores que componen el bien común en esta constitución son: confesionalidad del estado, monarquía hereditaria, división de poderes, etcétera.

Por otro lado, el valor teleológico se compone de los siguientes elementos: reconocimiento de los derechos humanos especifico como lo son el derecho a la vida, derecho a la no tortura igualdad, libertad de expresión, etcétera; garantías judiciales concretas; participación pública en la vida política atreves del Storting; o las formas concretizadas mediante las cuales se podrían desarrollar aspectos del bien común ya citados.

2. EL *POLÍTELOS* EN LA CONSTITUCIÓN

La constitución como máxima jerárquica de la normativa y el *polítelos* como máxima racional de la finalidad del estado. Ambos son conceptos que se encuentran entremezclados y que se vinculan específicamente en los aspectos jurídicos.

Como se ha podido observar, el *polítelos* se encuentra presente en las constituciones de cualquier estado. Por tanto, tenemos como regula general de que mientras exista una constitución, ésta preverá las bases para la abstracción y entendimiento del *polítelos* en la misma.

La anterior como regla general puede aceptar excepciones en determinados casos. Excepciones accesorias que en lugar de rebatir la absolutidad de la regla únicamente confirman la factibilidad

---

22 Conforme al texto original de la constitución cita lo siguiente: "1. *Kongeriket Norge er et fritt, selvstendig, udelelig og uavhendelig rike. Dets regjeringsform er innskrenket og arvelig monarkisk.*"

de ésta. Las ciencias sociales son muy complejas y pretender establecer una regla general que las aplicara bajo cualquier supuesto y en cualquier circunstancia sería absurdo.

Las excepciones al principio de presencia del polítelos en la constitución se podrían dar, por ejemplo, en comunidades *políticas* antiguas o sin una constitución en sentido moderno.

La forma más sencilla de eliminar la aparente inexistencia del polítelos es mediante el entendimiento de la sociedad en conjunto para extraer de ahí los valores máximos de la sociedad.

El único problema que lo anterior podría presentar es que los diversos agentes jurídicos o personas podrían llegar a interpretaciones diferenciadas sobre la composición del bien común o su materialización en *polítelos*; en ese punto la única solución sería buscar un posible consenso inverso sobre los aspectos que no componen la finalidad para de ahí progresar hasta bases mínimas en las cuales se coincida que son esencia misma de la comunidad política.

3. POSIBLE SESGO POLÍTICO, JUDICIAL Y PRÁCTICO SOBRE EL *POLÍTELOS* EN LA CONSTITUCIÓN

El derecho y la realidad. El texto impositivo y el texto práctico. *Das Sollen y Das Sein,* Dicotomía siempre presente en el junto jurídico y social sobre lo que debería ser en el ideal colectivo y abstracto y sobre lo que verdaderamente acontece en el mundo practico.

Hasta ahora, y durante el transcurso del libro, tomamos como premisa constitutiva la existencia única del *polítelos* en la constitución.

Nosotros analizamos su manifestación, materialización y reexpresión única y exclusivamente en documentos fundamentales. Dejamos de lado cualquier otra manifestación jurídica en donde se expongan principios base del estado.

Lo anterior lo realizamos por dos razones específicas. La primera es que al ser este un trabajo introductorio a la nueva idea de *polítelos,* consideramos suficiente el acercar al lector únicamente a la esencia del concepto y a la naturaleza misma del término.

Las bases del *polítelos* en la sociedad se podrán ver representadas a grandes rasgos en los trabajos constitucionales del México independiente. Consideramos que el lector es capaz de entender adecuadamente el concepto únicamente con el acercamiento a determinadas manifestaciones del *polítelos,* mismas que hacemos en la parte tres.

En conjunto con todo lo anterior, y en paralelo al trabajo expositivo del presente libro, aceptamos la idea de que el *polítelos* (o parte de él) pudiere llegarse a manifestar en algún otro documento diverso a la constitución.

Otros documentos que lo manifiesten podrían ser diversas fuentes de derecho, entre ellas, algunos ejemplos son: las sentencias judiciales en las que se materializa una interpretación legal de aspectos jurídicos; las leyes secundarias o reglamentarias en los momentos que su legitimidad sea tal que expresen la verdadera sintonía de los valores de una sociedad; las exposiciones de motivos en los que se declare la razón por la cual el legislador ha decidido incorporar al orden jurídico determinada normativa; incluso en la costumbre se podrían materializar directrices del *polítelos.*

Parte III.

El polítelos dentro del orden jurídico-constitucional mexicano

1. GENERALIDADES PARA EL ESTUDIO DEL *POLÍTELOS* EN EL CONSTITUCIONALISMO MEXICANO

En esta tercera parte del libro, la parte histórica, y partiendo de que ya hay conocimiento del lector sobre el entendimiento del *polítelos* (en sus dos vertientes) vamos a resaltar las ideas que del mismo se han desarrollado en las diversas leyes fundamentales mexicanas que componen tanto la primera parte como la segunda parte de la organización política mexicana.

El breve repaso sobre la normativa máxima en México únicamente pretende ser una guía sucinta sobre el acercamiento al *polítelos* que se puede tener desde las leyes fundamentales mexicanas. Aceptamos, e incluso incentivamos, la aproximación variada a la normativa desde otros enfoques jurídicos o incluso desde otras ópticas encaminadas a la develación variada de aspectos del *polítelos* diversos.

Utilizamos la terminología de leyes fundamentales en el mismo sentido que el maestro Don F. Tena R. pretendiendo referirnos de esta forma a todas las constituciones, planes, tratados, leyes y demás documentos de índole jurídica que en algún momento se pretendió que tuvieran la máxima posición en el sistema jurídico mexicano.

Nos referiremos a cada uno de los instrumentos constitucionales mexicanos de forma independiente y les realizamos un tratamiento equivalente, bajo los mismos criterios a cada instrumento. El análisis del *polítelos* se empieza con la mención, primero, de éste en su sentido genérico (bien común: conceptualización de las directrices éticas) y después, es analizada la segunda vertiente (valor teleológico: conceptualización concreta del bien común) Pretendemos desarrollar las diferentes manifestaciones del bien común y del valor teleológico durante la continuidad histórica mexicana.

Lo anterior desarrolla el panorama que constituye la línea conductora sobre el *polítelos* desde el nacimiento de la República Mexicana hasta que está ya se consolida como un estado estable y autosuficiente.

Con efectos didácticos teniendo miras en una exposición clara y concreta de las leyes fundamentales hemos decidido trabajar cada documento únicamente en los rubros que nosotros consideramos como culminantes en el desarrollo del *polítelos* mexicano. Por tanto, en el bien común sólo hemos de puntualizar los entendimientos positivos[1] que se tuvieron en las constituciones.

En el análisis del valor teleológico hemos de aquilatar seis puntos distintos, generalmente comunes, y que devienen de el bien común identificado de forma genérica en cada ley fundamental de México. Los anteriores aspectos son, a nuestro juicio, los puntos clave al momento de realizar una extracción de la esencia teleológica de la constitución en México; aún lo anterior y para poder abarcar todo lo que nosotros consideramos importante incluiremos un séptimo punto que será colmado con las circunstancias específicas del instrumento constitucional que se analice.

---

1 Siempre que mencionamos derecho positivo nos referimos a su concepción jurídica-legal mediante la cual el derecho positivo se considera como tal por haber emanado de la comunidad política y tener vigencia pública independientemente de cualquier otra cuestión formal o material, una vez considerado un instrumento jurídico como tal nunca perderá ese carácter, sin afectar el que se derogue o piedra validez por cualquier otro concepto. Para puntualizar sobre las diferencias entre derecho positivo y derecho positivo vigente ver: Eduardo García Máynez, *Introducción al estudio del derecho* (Ciudad de México, México: Editorial Porrúa, 2015), 38-40.

Los puntos por tratar, como ya se adelantaba, son extracciones generales del bien común identificables a lo largo de la realidad histórica mexicana.

El primer punto que hemos de tratar en cada documento fundamental es la forma en la que éste concibió la **división de poderes**. Es bien sabido que uno de los pilares del constitucionalismo moderno son límites al poder público y la única forma de lograrlo es mediante la limitación del poder con él mismo[2], es decir que el poder se entiende como uno único pero que para su correcto ejercicio se divide. Si bien el principio de división de poder es elemental para lograr un correcto funcionamiento del estado, la forma que se adopte para hacer esta división puede ser muy variada (el valor teleológico va mutando).

Como segundo punto tendremos a la **teología**[3] que estudia la mención o reconocimiento de religión o Dios en los documentos fundamentales. Más allá de determinar la existencia de un estado confesional, pretendemos entender si puede considerarse que en el estado mexicano se ha partido de la premisa sobre la existencia de un ser superior para la conformación de sus instituciones jurídicas, cultura y sociedad.

---

2 Límites al poder pensados ampliamente desde la teoría constitucional, uno de los autores que lo retoman es Maurizio Fioravanti. Principalmente en dos libros: Maurizio finFioravanti, *Los derechos fundamentales, Apuntes de historia de las constituciones.* (Madrid, España: Editorial Trotta, 2016), 212.; Maurizio Fioravanti, *Constitución. De La Antigüedad A Nuestros Días.* (Madrid, España: Editorial Trotta, 2001), 170.

3 Consideramos adecuado comentar que, a pesar de que los términos "teología" y "teleología" son completamente diferentes, en el entendimiento popularizado se confunden. Estos conceptos no comparten las mismas raíces etimológicas, la confusión existe en su materialización sonora que presentan en la lengua castellana. En griego los conceptos son fácilmente distinguibles (Θεός y τέλος). El significado hispano de ambas palabras es diferente, el significante es el que erradamente se utiliza.

En tercer punto tenemos a las **garantías fundamentales** que las vamos a poder entender como cualquier derecho, libertad, gracia, garantía, concesión o prerrogativa que el estado, a través de su carta fundamental, tenga en favor de las personas, independientemente a la discusión académica sobre el otorgamiento o reconocimiento de los mismos.[4]

Dentro de este último punto mencionado la doctrina y los académicos han tratado de construir clasificaciones diversas para la efectividad de los derechos fundamentales. Mediante la clasificación cualquier garantía imaginable podrá formar parte de un grupo más estructurado y con consecuencias distintas; verbigracia: derechos individuales, colectivos, sociales, económicos, culturales, etcétera. Para efectos de orden, y en coherencia con el objeto de la investigación, nosotros las presentaremos todas jutas dentro del mencionado tercer punto, sin importar ninguna clasificación subsecuente o posible sobre el derecho o de donde se pudiere encontrar el núcleo duro de un derecho en particular.

El cuarto punto -y con carácter de especial- que se analizará de cada documento fundamental es la conceptualización de la **soberanía e independencia**, han existido muchas teorías que pretenden entender de dónde surge, en dónde está depositada y cómo se manifiesta, nosotros dejaremos de lado las anteriores contiendas doctrinales manifestando únicamente el texto positivo e incluyendo, desde luego, las glosas que consideremos importantes.

Un punto muy importante (el quinto) para identificar posibles concordancias y diferencias en el valor teleológico de una sociedad es la **población (mexicanos)**, cada sociedad identifica a sus habitantes de manera distinta, otorga el atributo a personas a efecto de diversas causales.

---

4 Una posición en cuanto al reconocimiento es la de Luigi Ferrajoli, *Derechos y garantías: La ley del más débil* (Madrid, España: Editorial Trotta, 2016), 37 y ss.

Toda comunidad política requiere de un espacio en el cual formar sus instituciones y organizarse, a este elemento del estado se le denomina: **territorio nacional**. Será así el sexto punto de nuestro análisis que, aunque no mencionado en todas las constituciones es un punto que posiblemente será de relevancia para determinar la segunda parte del *polítelos.*

El séptimo punto que nombraremos **bases del orden jurídico** se compondrá de características particulares e importantes en los instrumentos constitucionales y que por algún motivo nosotros no consideremos adecuado encajonarlo en alguna de las categorías anteriores.

Este último se podría conformar, por ejemplo, del: factor gobierno que son los elementos principales y directrices de la organización del estado que incluiría las bases o la esencia de los diversos órganos que componen el estado (desde la Administración Pública a la forma de estado) y que a nuestro juicio consisten en puntos clave para el entendimiento del *polítelos.* Es importante señalar que el análisis del factor gobierno sería sin adentrarlos a pequeñas regulaciones que no son directamente trascendentes para efectos de nuestro estudio.

Igualmente, en este séptimo punto, podrían caber aspectos del derecho que se encuentran en las constituciones y que pretenden marcar las raíces primigenias de las figuras jurídicas que van a surgir en los períodos contemporáneos a la misma constitución y permear en todo el ordenamiento jurídico.[5]

La existencia de los puntos anteriores nos permitirá una exposición clara y especifica en las diversas leyes fundamentales. El

---

5 En este punto excluimos la teoría planteada por Santi Romano y de la multiplicidad de ordenes jurídicos conviviendo en el mismo espacio físico. Pretendemos utilizar el concepto de ordenamiento jurídico en referencia sólo al derecho que surge del estado y no a todo lo que gobierna la conducta humana. Santi Romano, *L'ordinamento giuridico* (Florencia, Italia: Sansoni, 1967), 240

orden expositivo consistirá generalmente en comentarios al documento, seguidos de las puntualizaciones pertinentes sobre el *polítelos* dentro de los puntos anteriormente establecidos.

Es importante establecer que los siete puntos planteados anteriormente son aspectos generales para un estudio del valor teleológico en cualquier período, por tanto, podrán no adaptarse a todas las leyes fundamentales de México, en algunos de los posteriores capítulos se desarrollara únicamente los puntos que -entre los siete mencionados anteriormente- sean tratados de forma directa en los instrumentos constitucionales. Lo anterior pretendiendo el desarrollo de la exposición de forma concreta y sucinta.

a.- Delimitación histórica del estudio

El análisis del *polítelos* presente en el texto constitucional mexicano va a ser acotado en un plano histórico. El plano histórico en el cual hemos de trabajar será desde la conceptualización primaria de México como un agente político ajeno el Reino de España hasta las últimas modificaciones trascendentales de la constitución de 1917.

El lapso temporal anterior será dividido en dos períodos constitucionales para su mejor entendimiento. El primer periodo constitucional va a ser del año de 1810 hasta el año de 1867.[6]; el segundo periodo constitucional será desde ese mismo año de 1867, tendrá desarrollo hasta 1917 donde se encontrará el clímax constitucional de este segundo período que culmina con la sanción de la constitución en 1917. Incluimos en el segundo período las subsecuentes reformas que enfrentó el último documento constitucional.

---

[6] Concretamente del 6 de diciembre de 1810 hasta el 14 de agosto de 1867.

No es un capricho arbitrario por parte de nosotros la elección de los período anterior, para haberlo determinado nos hemos sostenido en dos pilares racionales comunes y visibles para cualquier persona.

El primer pilar es el argumento político, en la continuidad de acontecimientos históricos de nuestro país, no es hasta el año de 1867[7] que el presidente Benito Pablo Juárez García consolida la República Mexicana. Acto realizado mediante la ejecución del proclamado segundo emperador de México Fernando Maximiliano José María de Habsburgo-Lorena o Maximiliano I de México; la ejecución tiene entre sus principales efectos los de:

- Terminación del Segundo Imperio Mexicano
- Reforzar la legitimidad de la Constitución del 5 de febrero de 1857
- Consolidar la República Mexicana

El segundo pilar es el argumento jurídico, en palabras del maestro F. Tena R.:

> "(...) La historia de la organización política de México se escinde en dos grandes períodos, el anterior y el posterior al año de 1867. Durante el primero la inquietud social toma por blanco a la ley básica, y en reemplazarla fundan sus programas de los planes de rebeliones. (...) Durante el segundo período, la Constitución vive de su victoria y no bajará ya al campo de la lucha. En su nombre, y no en contra suya, se hacen los levantamientos y se piden los amparos, para reparar reales o supuestos agravios a ella cometidos" (Tena 201, xxiii)[8]

De lo mencionado con anterioridad podemos extraer el argumento jurídico en su totalidad. Antes del año de 1867 la facción

---

7 Concretamente el día 19 de junio de 1867.

8 Sobre esta división especifica se recomienda leer al maestro Tena en la obra: Felipe Tena Ramirez, *Leyes Fundamentales de México.* (Ciudad de México, México: Editorial Porrúa. 2017)

del poder que llegara a gobernar pretendía establecer sus principios en la norma fundamental. Antes del año de 1867 no existía una sola ley suprema que tuviera la legitimidad suficiente para ser acatada por todos los americanos. Antes del año de 1867 se pretendía, en cada oportunidad, establecer un nuevo texto supremo, con miras a modificar la organización social y política en el país.[9]

Posterior al año de 1867 la legitimidad constitucional estaba sobrentendida por todos los americanos. Posterior al año de 1867 ninguna persona se atrevía a ir en contra de la constitución para postular sus ideas políticas o acciones de gobierno. Posterior al año de 1867 los particulares que buscaban el amparo del estado lo obtenían bajo el cobijo de esta ley fundamental y no en paralelo a la misma.

Sobre los dos anteriores pilares argumentativos nosotros partimos la historia constitucional mexicana en dos períodos con comunidades políticas diferentes.

El primer período de la comunidad política mexicana es cuantitativamente más complejo que el segundo. Al no haber debate en el segundo período sobre el pináculo jurídico únicamente se tendría que hacer con referencia a la constitución de del 5 de febrero de 1917 y sus reformas de importancia trascendental para el *polítelos* (lo anterior en el entendido de que esta se puede considerar tanto como una nueva constitución como una reforma en sí misma de la constitución de 1857).

En cambio, en el primer período de la comunidad política al existir varios instrumentos distintos que pretendían una efectividad máxima dentro del sistema constitucional mexicano podemos decir confiadamente que la complejidad de este período se

---

9 Verbigracia de las modificaciones que se pretendían y que apunta el mismo autor citado son: Federación o centralismo, república o monarquía, democracia u oligarquía, gobierno popular o gobierno de clase, reivindicación de los atributos del Estado o su parcial entrega a organismos extraestatales.

ve aumentada de forma exponencial referente a términos cuantitativos.

Cierto es el párrafo anterior en cuanto a que el primer período es más complejo, pero también es cierto que el primer período es más enriquecedor para el estudio. Al existir una pluralidad de instrumentos tenemos margen amplio para analizar cada uno de ellos y extraer individualmente el considerado *polítelos* que pretendía cada uno.

Una vez se haya extraído el *polítelos* constitucional estaremos en posibilidades de determinar si existieron vínculos axiológicos en los diversos pináculos del sistema constitucional mexicano de los últimos dos siglos.[10]

b..- Delimitación material del estudio

El estudio versara únicamente sobre los documentos positivos y constitucionales que se encontraron en el pináculo jurídico en algún momento durante el lapso histórico ya mencionado.

Existe al día de hoy todavía un conflicto entre los historiadores del derecho sobre cuáles deberían de ser los documentos a considerar como constitucionales en nuestro país. Siendo esta disputa doctrinal ajena al tema de estudio pretendido en el presente libro nosotros haremos mención únicamente a los que consideramos, posterior a un análisis completo, que tienen el carácter de pináculo jurídico y que tienen a su vez impacto directo en el *polítelos* mexicano.

La elección será suerte de un proceso razonado sobre el impacto sustantivo de cada documento. En los casos complejos, que se consideren pertinentes, en cada capítulo y con anterioridad

---

[10] Cuando nos referíamos a los últimos dos siglos o al *politelos* de aquel siglo estamos tomando en cuenta la acotación histórica referente únicamente al período anteriormente ya mencionado en el libro.

al análisis del *polítelos*, se expondrán los motivos por los cuales nosotros hemos decidido de incorporar o no aquel documento al análisis.

Igualmente, el estudio se verá materialmente limitado a una interpretación en específico del *polítelos* en la opinión e interpretación particular del autor de este libro. Retomamos lo mencionado al principio de esta tercera parte, sobre la aproximación variada. Algún académico, por ejemplo, podría considerar que determinadas reformas constitucionales conforman parte del valor teleológico; nosotros no lo consideramos así.[11]

Es oportuno recordar, que como ya se mencionó en la parte segunda de este libro, los documentos a analizar son los que tienen carácter de constitución en un sentido material. Siendo intrascendente el nombre o aspectos formales de segundo término. Tomaremos en cuenta únicamente el texto del documento para determinar su adscripción o no a los parámetros buscados.

2. PRIMERA DIVISIÓN CONSTITUCIONAL MEXICANA

La primera división constitucional mexicana, para incursionar en el análisis de forma competa, vamos a empezar analizando las manifestaciones del *polítelos* en lo ya anteriormente acotado como primera división constitucional mexicana.

El periodo de análisis en esta primera división consiste concretamente desde la sanción del llamado Bando de Hidalgo de 1810 hasta la consolidación de la constitución de 1857 en el año de 1867 con las reformas legales a la ley fundamental.

---

[11] Otros ejemplos que podrían ser considerados parte del *polítelos* son referentes a temas y regulación electoral, guardia nacional, legislaciones únicas en materia común, etcétera.

Bando de Hidalgo de 1810

Este documento no era pretendido por el padre Miguel Gregorio Antonio Ignacio Hidalgo y Costilla Gallaga Mandarte y Villaseñor (M. Hidalgo C.) que fuera el pináculo de supremacía de México. A pesar de las intenciones de su autor, si lo podemos considerar, como varios autores lo hacen, como uno de los múltiples cimientos del Estado mexicano y por tanto una ley fundamental de México.

El bando es el primer documento considerado como constitución (jerárquicamente) en sentido moderno del México independiente.

Aparte de ser ley fundamental de la nación surgente podemos ver en él las primeras concepciones que tuvo uno de los más importantes padres fundadores de México sobre el valor teleológico mexicano.

Este bando publicado en la ciudad de Guadalajara el jueves 6 de diciembre de 1810 es el documento más breve de entre los que haremos referencia. A presar de su longitud contiene un principio rector, que sin afán de adelantar en el contenido del libro, podemos decir que es uno de los valores más arraigados del constitucionalismo mexicano: proscripción de la esclavitud.

En México se reconoció el derecho inherente a la libertad personal de cualquier persona, muchas décadas antes que en otros países.

Esta idea gloriosamente mexicana fue establecida en el bando del padre M. Hidalgo C. y sancionando con la pena máxima, de muerte, a aquella persona que transgrediera esta garantía de todo ser humano y se ostentara con título de propiedad sobre alguna otra persona.

Para efectos del Bando de Hidalgo consideramos como principal, y única, contribución al *polítelos,* en su rama de valor teleológico, la anterior mencionada.

En el aspecto de bien común podríamos considerar que existe una manifestación indirecta ya que la libertad de cualquier individuo se encuentra implícita en la obligación de las personas para no ser propietarios de esclavos.

A causa de la brevedad del documento tomamos licencia para apuntar las otras dos contribuciones que modifican al régimen colonial: La abolición del sellado en los documentos oficiales y las bases fiscales del estado (cese de contribución de tributos a castas e indígenas).[12]

Si bien la efectividad en un plano factico del anterior bando pudiere ser cuestionable, lo que sin lugar a dudas se mantiene es que este documento empezó una forma de pensar sobre las garantías que tendría el individuo ante el nasciturus de Leviatán.

Elementos Constitucionales de López Rayón

Con la captura y ejecución de varios héroes nacionales: M. Hidalgo C., Ignacio María José de Allende y Unzaga (I. Allende U.), José Mariano Ignacio de Santa Elena Jiménez Maldonado Zapata (M. Jiménez M.) y Juan José Marcos Gaspar Antonio de Aldama y González (J. Aldama G.). Se produjo que varios padres de la patria no pudieren participar en otra ley fundamental del país, sin embargo y como efecto dominio, el mes siguiente a su ejecución se instaló en Zitácuaro (lugar en el que 10 años más tarde se fundaría Michoacán) la Suprema Junta Nacional Americana.

Este documento fue censurado por su mismo redactor, José Ignacio López Rayón y López Aguado (I. López R.) en marzo de 1813 pero se incluye en el presente en razón de que de él deviene

---

12 Sería debatible si las primeras regulaciones en materia fiscal (actualmente sería igualdad tributaria) del régimen independiente se consideran parte del valor teleológico. Nosotros consideramos que no.

parte del pensamiento mexicano independentista y nos será de ayuda para determinar el polítelos mexicano del siglo XIX.

Bien Común.- El documento menciona varios valores abstractos a los que tendría que atender el pueblo mexicano: esplendor, dignidad, honor, abundancia, libertad y felicidad

División de poderes.- Como para esa época se había vuelto costumbre en las Américas, se pronuncian los Elementos a favor de la división de poderes en las tres ramas conocidas hoy en día (ejecutivo, legislativo y judicial). Un presupuesto interesante sobre esta división es que le atribuye al poder encargado de redactar las normas generales con la connotación de inerrante y casi perfecto.

Teología.- Desde el principio del documento e incluso en varios puntos de los Elementos se reconoce la existencia de un ser superior este defendido mediante principios de la apologética católica. A diferencia de cualquier estado confesional de la actualidad, en el documento citado de prohíbe la profesión de cualquier otra religión.

Llego a tanto la intolerancia a cualquier otra religión que nuestra carta fundamental establece las bases orgánicas de un Tribunal de la Fe, el cual tendría como principal misión repeler cualquier idea opuesta a los ideales católicos. Se considera tan vinculado el estado al cristianismo que el día 12 de diciembre (día de la Virgen de Guadalupe) se consagra para su remembranza.

Garantías Fundamentales. -Retomado el más importante punto expuesto por M. Hidalgo C., esta nueva constitución establece de manera determinante e inflexible la prohibición la esclavitud.

Igualmente se proscriben las divisiones sociales para propiciar una entera igualdad entre todos los americanos. Una segunda libertad que se concede es la facultad de poder expresar ideas y pensamientos de cualquier forma imaginable, incluyendo esto la libre imprenta (en los asuntos políticos establece limitaciones de bien).

Curiosamente y a falta de ordenamiento para regular la imposición de sanciones extrajudiciales, se le da vigencia al habeas corpus británico.

Mucho antes de que la prohibición a la tortura fura considerado como bárbara y proscrita en el plano internacional por la comunidad de estados mediante la figura *ius cogens*, en nuestro ordenamiento ya se contemplaba.

Soberanía e Independencia.- Lo más importante en cuanto a soberanía que establece nuestra anterior carta magna es, primero que nada, la mención expresa de que América es totalmente independiente de cualquier otra nación. Se rompen los vínculos coloniales con España y con cualquier otro país que pudiere reclamar un derecho sobre esta antigua colonia.

En disonancia con un sistema absolutamente democrático, pero en línea con el pensamiento del siglo XIX se establece que la soberanía reside en el monarca, Fernando VII pero que esta dimana del pueblo y por tanto su ejercicio estará a cargo del Supremo Consejo Nacional Americano.

Población (mexicanos).- De forma muy concreta se considera mexicanos a cualquier persona que estuviera de acuerdo con los principios emanados de la constitución y que estuviere de acuerdo a seguir el nuevo modelo de gobierno.

Territorio nacional.- Si bien no hay mención expresa en este documento a tan importante elemento del estado, podemos presuponer por la actitud de la época que mediante el principio *utis posidetis* si la independencia hubiera concluido en ese momento se hubiera reivindicado la totalidad del territorio colonial.

Sentimientos de la Nación o 23 Puntos Dados por Morelos para la Constitución

Cronológicamente después de los Elementos de I. López R. (considerada como la primera Constitución en sentido formal de

México), surgieron de la pluma de José María Morelos y Pavón (J. Morelos P.) los Sentimientos de la Nación. La continuidad jurídica entre la Junta de Zitácuaro y la de Chilpancingo se mantuvo pulcra protegiendo así el ideal democrático de los participantes. Los Sentimientos se sancionan el día 14 de septiembre de 1813

Bien común.- El documento menciona varios valores abstractos a los que tendría que atender el pueblo mexicano: Patriotismo, constancia, moderación, sabiduría, perfeccionamiento, virtud.

División de Poderes.–Se establece una división de Poderes. La única diferencia con la ya entendida es la nomenclatura. Por ejemplo: al poder encargado de aplicar las normas abstractas se le nombra como judiciario.

Teología. -Se reconoce la plena existencia de Dios, se reconoce a la iglesia católica y se acepta su jerarquía, se niega la tolerancia a cualquier otra religión.

Igual que en los Elementos de I. López R. se reconoce a la virgen de Guadalupe como patrona de nuestro país.

Garantías Fundamentales. -Principalmente se retoman los derechos más importantes que hay: prohibición de la esclavitud y prohibición total a la tortura.

Soberanía e Independencia. -Por primera vez se quita la "máscara de la independencia" y se logra que no exista lugar a duda que no únicamente se busca crear una nación independiente, también se pretende que esta nueva nación no esté sujeta a ninguna monarquía europea, ni siquiera a Fernando VII.

Población (mexicanos). -Este precepto es manejado a contrario sensu, no se establece que personas serán americanas, sin embargo, se limita los derechos de los extranjeros en territorio nacional. Lo anterior con miras a evitar la intervención extranjera en asuntos del país.

Acta Solemne de la Declaración de la Independencia de América Septentrional

Menos de un mes después de que J. Morelos P. hubiera entregado al mundo una de las mejores constituciones que habrían de existir se proclama la independencia mexicana mediante un acta.

Como es de esperarse, y siendo una cualidad de las actas que proclaman alguna independencia, el documento no hace referencia directa a algún valor teleológico. El acta pretende establecer las directrices éticas que habrá de perseguir el naciente estado (el bien común).

Primero que nada, se reconoce que la gracia de la nación mexicana es causa de la voluntad divina. En el pensamiento libertario de aquella época se entiende la libertad del pueblo mexicano como una concesión divina, en palabras del documento:

"Declara solemnemente, á presencia del Señor Dios, árbitro moderador de los imperios y autor de la sociedad, que los da y los quita según los designios inescrutables de su providencia"[13]

En segundo punto, establece los parámetros con miras al bien común que tendrán las leyes, cualquier ley que se promulgue en la republica deberá buscar: el mejor arreglo de la nación, la felicidad interior o el lugar de México en el mundo.

Mencionamos igualmente que indirectamente se influye en la esfera del valor teleológico al prohibir la práctica de cualquier otra religión que no sea la católica.

En tercer punto, y posiblemente en terreno del valor teleológico, es sobre la independencia y la soberanía nacional. Se declara en el acta que la nación mexicana queda completamente separada de la monarquía española, En palabras del documento: "que-

[13] Texto tomado del preámbulo original del acta de independencia mexicana. Ver Tena 2017 *Op. Cit,* 31.

da rota para siempre jamás y disuelta la dependencia del trono español."[14]

Constitución de Apatzingán o Decreto Constitucional para la Libertad de la América Mexicana

Había pasado poco más de un año desde los Sentimientos de J. Morelos P. para que él mismo en compañía del Supremo Congreso mexicano publicaran, lo que hasta ese momento era el documento constitucional más completo que había tenido México. El acontecimiento pasó en octubre de 1814.

Bien común.- La primera mención que se hace hacia el bien común es establecer que las leyes del nuevo país se harán atendiendo a los "intereses de la sociedad" y a la "felicidad común". Se buscan principios ya conocidos en el constitucionalismo americano como lo son la protección, seguridad y defensa de todos los ciudadanos. Como es ya costumbre el ideario de J. Morelos P. se busca que el estado se enfoque en la felicidad de los ciudadanos.

División de Poderes.- Se entiende la división de poderes en este documento desde una visión poco tratada en la modernidad, pero de sumo interés. La división de poderes es concebida desde los atributos que emergen de la soberanía: facultad de dictar leyes, facultad de hacerlas ejecutar y facultad de aplicarlas a un caso concreto.

Teología. – Desde el primer artículo de la constitución se establece a la religión católica como única; se continua con la línea de pensamiento religioso centrado en la fe papal.

Garantías Fundamentales. –Se busca que las personas sean iguales y tengan el mismo trato ante los ojos de la ley y del orden jurídico. Se reconoce plenamente el derecho de los ciudadanos a

---

14 *Ibid.*

la propiedad. México fue uno de los primeros entes soberanos en el mundo en donde se concibieron algún tipo de garantías sociales, mucho antes de la Constitución política de 1917, El decreto en análisis ya contemplaba que la "seguridad ciudadana" era una garantía social. En perjuicio total de la sociedad y de las personas, la libertad de expresión, aunque prevista, tenía mayores restricciones que en los documentos constitucionales anteriores.

La constitución establece un mínimo de garantías en materia criminal: Presunción de inocencia, derecho de audiencia, proporcionalidad de la pena, taxatividad de la ley penal, inviolabilidad del domicilio.

Soberanía e Independencia.- La constitución de forma poco común empieza explicando la soberanía por sus causas, es decir la facultad del pueblo de dictarse sus propias leyes. La misma soberanía se considera que surge del pueblo, pero que para su ejercicio se deposita en los diputados que deberán representar los intereses de los ciudadanos.

Población (mexicanos). -Se reconoce como nacionales a las personas que cumplan cualquiera de dos requisitos. Haber nacido en territorio de México o ser extranjeros que reconocen las leyes e instituciones estatales. En ambos casos, siempre que sean parte de la religión católica.

Un punto de suma importancia es que la constitución reconoce los derechos de los transeúntes.[15]

---

[15] En lenguaje jurídico actual podríamos considerar a estas personas como los migrantes o como migrantes irregulares. Históricamente hace más de 200 años ya se les reconocían derechos y se protegía a su persona y sus propiedades, al día de hoy se encuentra en entredicho la protección jurídica que se le brinda a esas personas. Para profundizar más ver: Loretta Ortiz Ahlf, *Derechos Humanos de los Indocumentados* (Ciudad de México, México: Tirant lo Blanch, 2013).

Base Orden Jurídico. – Una previsión, propia de la modernidad, que se ha creado por muchos académicos, se encuentra plasmada en este documento fundamental; se establece el inalienable derecho de los ciudadanos de cambiar la forma de gobiernos e inclinarlo a donde las necesidades del pueblo lo requieran. Este documento no se decanta por establecer federación o no, pero sí reconoce cierta autonomía de las provincias.

Mención Sobre la Constitución Española de Cádiz

En la Constitución Española de Cádiz del 19 de marzo de 1813 hubo participación de diputados mexicanos. Muchos académicos la consideran de importancia vital para un estudio constitucional mexicano. Nosotros, pese a las opiniones en sentido negativo que existan, no vamos a entrar a un análisis del *polítelos* en este documento.

Lo anterior por una sencilla razón, nuestro análisis es uno muy breve, compete únicamente al pensamiento presente en el México independiente que se desarrolló en territorio nacional mexicano y que tiene como principal objetivo establecer las bases de lo que hoy conocemos como nación mexicana, no hay estudio del pensamiento constitucional novohispano ni del español. Por tanto y sin restarle importancia constitucional dejamos a este instrumento fuera de nuestro estudio.

Plan de Iguala (Acta Primera, Acta Segunda y Proclamación) de 1821

A miras de consolidar la independencia criolla en los días 24 de febrero, 1 y 2 de marzo, se da a conocer el plan de Iguala. El *polítelos* constitucional de este lo exponemos a continuación.

Bien común.- Se establece como genérico la necesidad de "hacer la felicidad general o común" y de conservar la "santa religión que se profesa". Al final del documento se llama a la: unión, fraternidad, orden, quietud interior[16], vigilancia y horror a la turbulencia (paz). La interpretación última del documento también contempla el llamamiento al nacionalismo americano.

División de Poderes.- Las referencias a la división de poderes son mínimas, se llega a mencionar la existencia de Cortes y la templanza que existirá en la monarquía, pero eso es lo único.

Teología.- Se establece a la religión católica como la única, no se tolerará ninguna otra religión.

Población (mexicanos).- La referencia a la ciudadanía es para todas las personas nacidas en el territorio de la misma forma que a todos los que en el gran país residieran.

Base Orden Jurídico. – Como forma excepcional en los Instrumentos constitucionales mexicanos se establece un gobierno monárquico.

Soberanía e Independencia.- Lo más importante de este plan es que afirma que en un plano fáctico la independencia ya era inevitable, los grupos de poder en la Nueva España habían ya llegado a un acuerdo que lograría la fundación de un nuevo país. Aunque se establece total separación del Renio de España, en el acta Segunda se condiciona a Agustín Cosme Damián de Iturbide y Aramburu (A. Iturbide A.) a jurar obediencia a Fernando VII en caso de que él se apersonara en la nación emergente y jurara la constitución de las Cortes Americanas.

Tratados de Córdova de 1821

Como consecuencia del Plan de Iguala de A. Iturbide A. y como única diferencia política a este documento es que los Tratados de

---

16 En nuestra opinión este valor ético es una mala traducción del establecida en el preámbulo de la constitución norteamericana como: "*domestic tranquility*"

Córdova, como su mismo nombre lo indica, son un acuerdo internacional en el que la monarquía española reconocía a la nueva nación, llamada en ese acto Imperio Mexicano. Los Tratados de Córdova se dan el 24 de agosto de 1821.

División de Poderes. – Al ser una monarquía constitucional moderada se pretende que el Emperador este limitado por la misma constitución y por la Junta Provisional de Gobierno, esta llamaría a Cortes para que en ellas resida el poder legislativo. A su vez el ejecutivo residirá en una Regencia constituida por tres personas nombradas por la Junta.

Soberanía e Independencia. -Se establece que el ahora Imperio Mexicano será reconocido como nación soberana, totalmente independiente y autónoma de España.

Base Orden Jurídico. – Al igual que en el Plan de Iguala, en los Tratados de Córdova se pretende que la forma de gobierno sea monárquica.

Acta de Independencia Mexicana de 1821

En total cumplimiento a los Tratados de Córdova la Junta Provisional de Gobierno instalada el 28 de septiembre de 1821 y en su primer acto oficial, le da al Imperio Mexicano una Acta de Independencia, tercera si tomamos en cuenta las que ya se habían proclamado.

Referente al *polítelos* poco es rescatable de este documento. Nos parece importante mencionar tres aspectos únicamente. El primero es que se hace referencia mínima a un Imperio en esta Acta de Independencia, aunque bien es cierto que parte de la legitimidad de los dos Instrumentos monárquicos ya citados. Segundo, es muy efusiva la declaración de independencia en establecer la total separación de México con cualquier otra potencia extranjera, incluida España. El tercer punto es la mención al ejército de las tres garantías del cual podríamos extraer aspectos del bien común pretendido en la época: Independencia, Unión y Religión.

Bases constitucionales aceptadas por el segundo Congreso mexicano de 1822

Este documento fundamental se da el 24 de febrero de 1822 y posterior a la disolución del primer congreso mexicano por A. Iturbide A. el 31 de octubre de 1821. Por breve que pueda ser este documento, encontramos contribuciones muy importantes al *polítelos.*

Bien común.- Para el bien común se establece que para promover el bien de la nación esto lo tendrá que hacer la regencia (poder ejecutivo); la regencia para esta finalidad estará amparada por Dios y en caso de fallar el que podría intervenir y demandarles su correcto actuar sería este mismo ente superior.

División de Poderes. -En el mismo sentido que los documentos iturbidistas, se reconoce la división de poderes bajo el amparo de una monarquía moderada.

Teología. -Se establece el reconocimiento de la religión católica como única, sin tolerancia de ninguna otra.

Garantías Fundamentales. -Hay una igualdad total para todos los habitantes del imperio en cuanto a derechos y libertades, aunque estos no se puntualizan en la norma fundamental.

Población (mexicanos). -Ni siquiera hace mención el documento a la nacionalidad. Hay una equiparación total de las personas siempre y cuando sean habitantes del imperio. Aunque pudiera parecer que este punto no tiene importancia. Su repercusión en el entendimiento igualitario de los seres humanos merece ser mencionado.

Reglamento provisional político del Imperio Mexicano de 1822

A primera vista muchos podrían pensar que este documento del 18 de diciembre de 1822 no forma parte de las leyes fundamentales mexicanas. Nosotros pensamos que a pesar de su corta vigencia y de efectividad práctica, plantea varias cuestiones de trascendencia para el estudio que realizamos y por tanto hemos decidido incluirlo.

Bien común. -Se busca la paz, armonía y la "conspiración para la felicidad". Se marca como la principal función del estado mexicano la de conservar la tranquilidad y prosperidad en el estado siempre y cuando a su vez se garanticen las libertades en un plano de igualdad, la seguridad estatal es también muy importante.

División de Poderes. -El principio de división de poderes se encuentra presente en las tres ramas clásicas, se agrega la prohibición de que dos o más de estos poderes puedan radicar en la misma persona.

Teología. -Se establece que sólo la religión católica podrá ser profesada en México y se faculta tanto al estado como a la iglesia para poder sancionar a los infractores.

Garantías Fundamentales. –Se consagra y respeta el derecho humano a la propiedad, la igualdad ante la ley, reconocimiento a la libertad de expresión y pensamiento (con sus respectivos limites). Se rechaza cabalmente la tortura y los "tormentos" en ningún caso son permitidos.

Por segunda vez en nuestra historia se consagran garantías de índole criminal para los inculpados, entre ellas destacan: inviolabilidad del domicilio, irretroactividad de la ley, seguridad personal.

Soberanía e Independencia. -Se declara al Imperio Mexicano como Independiente de cualquier otro estado o nación.

Población (mexicanos). -Se permite que cualquier persona sea mexicana por el simple hecho de haber nacido en el territorio nacional o por ser habitante del Imperio, lo anterior siempre y cuando se reconozca la independencia nacional y se jure fidelidad a sus leyes e instituciones.

Base Orden Jurídico. -Este documento continuo en la línea de pensamiento monárquico, hay determinados privilegios que se le conceden al Emperador.

Acta Constitutiva de la Federación de 1824

Por muchos historiadores y constitucionalistas, la constitución de 1824 es la primera carta magna de México, nosotros no estamos de acuerdo con esta postura.

Es Importante señalar que la precipitación para expedir el documento federal causa que en el año de 1824 tengamos dos leyes supremas complementarias.

Bien común. -La única referencia al bien común que hay en este documento es la necesidad de que el estado proteja los derechos individuales mediante leyes justas y sabias.

División de Poderes. -Retoma la posición imperial del poder en las tres ramas conocidas y se prohíbe la convergencia de más de uno en la misma persona.

Teología. -Claramente se establece que la religión católica será, a perpetuidad, la de la nación mexicana.

Garantías Fundamentales. -Se reconoce la igualdad y como punto muy importante, se permite la libertad de expresión de una de las formas más abiertas que hasta el momento habían existido.

Soberanía e Independencia. -La soberanía, de forma ilustre en el México independiente, se entiende ajena a cualquier familia o casa real.

Población (mexicanos). -Se refiere a todos los habitantes de la federación como receptáculos de las garantías que concede el texto, por tanto, no hay mayor diferencia entre los nacionales y extranjeros.

Territorio. -Por el miedo a perder territorio, en este documento, aparte de reconocer una federación como forma de estado, se determina concretamente cuáles serán los terrenos que comprenderán el territorio nacional.

Base Orden Jurídico. -En esta constitución fue el primer documento fundamental en el que se le llamo a nuestro gran país con el nombre de" Estados Unidos Mexicanos", siendo esta de corte federal.

Constitución de 1824

Partiendo de que en el mismo año ya se había promulgado un acta constitutiva de la federación mexicana, el legislador en esta nueva ocasión solamente pretendió concretar el esfuerzo ya empezado y determinar de una vez la constitución para el pueblo mexicano.

Bien común. -Lo primero que notamos es que esta constitución está dada para Dios, con las finalidades de fijar su independencia política, establecer y afirmar la libertad nacional, y promover para México tanto la prosperidad como la gloria.

División de Poderes. -Se establece la división de poderes de forma más certera y puntual que en cualquier otro documento anterior.

Teología. -Se establece en los mismos términos ya pensados anteriormente que la religión católica será, a perpetuidad, la oficial de la República.

Soberanía e Independencia. -Se continua con la línea de pensamiento absolutamente independentista.

Territorio. -El territorio reivindica las propiedades coloniales y las que hasta la fecha se venían considerando como parte de la nación mexicana.

Base Orden Jurídico. -La forma de gobierno se mantiene como una república representativa y federal. Al ser esta constitución un documento básicamente orgánico lo que más se puntualiza en ella son las atribuciones tanto de los poderes de la unión como de los estados, lo anterior resulta muy útil para la realidad mexicana de aquel entonces, pero de poco aporte para el polítelos.

Bases Constitucionales de 1835

Las Bases Constitucionales son parte integrante de lo que conocemos como constitución de 1836, dan las pautas iniciales para la división orgánica de la República.

División de Poderes. -Se reconoce la división de poderes en los mismos términos, sin embargo, se plantea la necesidad de que exista un "arbitro" para evitar que alguno de los poderes traspasara sus límites y atribuciones, esto dará pie al Supremo Poder Conservador.

Teología. -Al ser una constitución de corte conservadora es muy lógico que en su primer artículo se establezca un estado confesional sin tolerancia de otras religiones.

Soberanía e Independencia. -Ya es sobrentendida la soberanía respecto de España, por tano únicamente se proclama la nación mexicana como soberana sin mencionar respecto de quien.

Base Orden Jurídico. Se le da fin al sistema federal, se pretende organizar al estado mexicano en departamentos que únicamente serán para las cuestiones administrativas.

Leyes Constitucionales 1836

Se le conoce también como las siete leyes constitucionales en razón de que se publicó como 7 estatutos desde el 15 de diciembre de 1835 hasta el 30 de diciembre de 1836.

Aunque esta constitución no tuvo éxito en la práctica y se pretendió modificar por casi la totalidad de los grupos políticos, la incluimos en el análisis ya que manifestaba los ideales que en algún punto existieron en la cúpula del poder mexicano.

Bien común. -Como ya es cotidiano en la mayoría de las constituciones, lo primero que reconocen los legisladores es a Dios como autor de las sociedades humanas y como su única fuente de legitimidad, se entiende que Dios faculta a la sociedad a organizarse del como "más conducente para su felicidad".

División de Poderes. – En estas leyes fundamentales hay un cuarto poder, poder que tendría como principal misión vigilar y corregir el actuar de los otros tres. Este poder estaría compuesto por 5 individuos y se llamaría Supremo Poder Conservador.

Teología. -Se reconoce la existencia de Dios y se establece a la religión católica como única de la República, incluso el juramento para llegar a ocupar determinadas posiciones se requiere hacerlo ante Dios.

Garantías Fundamentales. -Se reconocen una amplia gama de derechos humanos, entre ellos las garantía en materia penal y la libertad de expresión, con el retroceso de sólo reconocérselos a mexicanos.

Soberanía e Independencia. -Ya no hay necesidad siquiera de mencionar directamente a México como una nación independiente, para este momento histórico ya se considera un hecho.

Población (mexicanos). -En esas leyes constitucionales es la primera vez que podemos ver que ya se determina de manera muy concreta, aunque más restrictiva, las características que requiere una persona para gozar de la calidad de mexicano.

Base Orden Jurídico. -Se establece ampliamente la necesidad de una calidad de mexicano para poder acceder a muchos puestos públicos.

Bases Orgánicas de la República Mexicana de 1843

A causa del descontento que produjeron las Leyes Constitucionales, en menos de siete años ya se pretendía imponer otra carta magna en territorio nacional. Este documento de junio de 1843, a nuestro juicio más completo que el anterior, no podía cubrir todas las necesidades de aquel México.

División de Poderes. -Se elimina la existencia del cuarto poder y se regresa a los tres que tradicionalmente son conocidos, aunque el documento menciona a un poder electoral a este no lo podemos considerar parte en la división de poderes (más bien es un ente encargado de funciones específicas).

Teología. -Se reconoce la existencia de la religión católica como única de la nación.

Garantías Fundamentales. -Se establece un catálogo de garantías de los hombres entre ellas: libertad de expresión, garantías en materia criminal, libertad personal y la novedad de libertad de tránsito.

Soberanía e Independencia. -La nación se reconoce independiente y soberana, sin embargo, la mención se hace sólo de forma accesoria.

Población (mexicanos). – Se olvidan las restricciones para la nacionalidad que se habían pensado en la década de los treintas y se vuelve a dar un criterio amplio para reconocer como nacionales a los habitantes de los territorios nacionales.

Territorio. -Hay una mención expresa a los territorios que serían parte de la República.

Base Orden Jurídico. -Se regresa al régimen unitario en el que se pretende que las entidades tengan menos facultades.

Acta Constitutiva y de Reformas o Constitución de 1847

Este documento, que, por demás breve, marca pautas para el orden constitucional mexicano, por tanto, aunque su vigencia fue corta, hemos decidido incluirlo en el análisis. El documento del 18 de mayo de 1847 pretende reformar las bases orgánicas.

Bien común. -Se busca asegurar los derechos del hombre, la libertad, seguridad, propiedad e igualdad.

Garantías Fundamentales. -Se restringen a los ciudadanos, pero son otorgadas, aunque se plantea la esencia de los derechos que debieran tutelarse, no se plantean los derechos en concreto, se establece que estos estarán en una ley secundaria.

Soberanía e Independencia. -Establece algo poco común en el constitucionalismo, una cláusula pétrea que impide la modificación de varios puntos, entre ellos la independencia.

Base Orden Jurídico. -Una particularidad de esta constitución es establecer la facultad del congreso de decretar nula cualquier ley de las entidades federativas que fuera en contra de la constitución federal. Igualmente, algo trascendente para la vida jurídica del país es la previsión al juicio de amparo que tiene esta acta constitutiva.

Algo a lo que la teoría constitucional hace referencia, pero que en la práctica es poco común. Se establece una cláusula pétrea en el artículo 29, es decir la imposibilidad de modificar por el constituyente posterior los siguientes aspectos:

- Independencia
- Forma de Gobierno (republicano, representativo y popular)
- Federalismo
- División de Poderes

Bases para la Administración de la República hasta la promulgación de la Constitución de 1853

En el plano político y social de México existía un completo caos y desorden. Para tratar de controlar al país se plantearon unas Bases Constitucionales de abril de 1853.

En estas bases recaería todo el sistema constitucional mexicano hasta que se promulgara una nueva constitución.

Omitimos el análisis puntual de estas bases constitucionales ya que su intención y efecto nunca fueron el fungir como constitución sino únicamente establecer criterios orientadores de la Administración Pública Federal.[17]

Documentos de la revolución de Ayutla al triunfo de la república

Este apartado es el antecedente directo a la constitución mexicana de 1857, documento considerado por muchos como la obra más importante de la ingeniería constitucional mexicana. Los documentos que componen este apartado son: el plan de Ayutla, las reformas al plan dadas en Acapulco y el estatuto orgánico.

Los anteriores documentos por sus circunstancias históricas y relaciones jurídicas no pueden ser considerados como constitución del estado mexicano.

La única razón para la mención de los documentos es para que el lector tenga una facilidad cronológica al momento de leer este libro ya que la importancia histórica de los documentos es amplia.

La importancia del plan de Ayutla es que debido a que la convocatoria que trae aparejada culmina con la elaboración de la constitución mexicana que tendría efectos en menos de un lustro después.

---

[17] En este punto nos referimos de Administración Pública Federal (con mayúsculas) al tenor de la tradición legal y judicial sostenida en los tribunales y entes públicos mexicanos. Tradición básicamente distingue entre Administración Pública a Federal refiriéndose el estado mexicano en su vertiente de Poder Ejecutivo Federal y administración pública federal refiriéndose únicamente a los recursos públicos empleados por cualquier ente federal. Esta teoría no es compartida por muchos administrativistas y abogados mexicanos.

Es estatuto orgánico provisional de la república mexicana es uno de los documentos más ricos en cuanto a conceptos constitucionales. Presenta ideas muy innovadoras que serán el piso a partir del cual se construirá el constitucionalismo mexicano.

En razón de que le fue inmediatamente superpuesta la constitución de 1857 y de que esta constitución retoma en amplia mayoría los conceptos del Estatuto, omitiremos el análisis del polítelos, ya que este sería repetitivo e innecesario.

Los anteriores documentos, como ya se mencionó, se enlistan únicamente para mantener el plano cronológico-histórico del lector.

Constitución de 1857

La Constitución Política de los Estados Unidos Mexicanos de 1857 es un texto por demás fundamental en el constitucionalismo mexicano. En el vemos plasmados todos los logros de la comunidad política mexicana.[18]

Como también ya se adelantaba al principio de esta parte de la obra; esta constitución es el parteaguas de la legitimidad constitucional mexicana. A partir de ella los conflictos que se suscitan se dan a su amparo y buscan establecer su orden constitucional.

Bien común. -Lo primero de notar en este documento es que se otorga bajo el reconocimiento y legitimidad de la entelequia llamada Dios y en mancomunidad con la autoridad del pueblo de México.

---

[18] Existen en la actualidad muchos académicos que sostienen que la constitución que rige actualmente en México no es más que una reforma a la constitución de 1857. Por tanto y bajo esta concepción nuestro texto constitucional vigente sigue siendo el que se hubo jurado de forma primogénita hace más de 160 años, a la fecha de redacción de estas páginas.

División de Poderes. -Se reconoce la división de poderes en términos modernos y garantistas. En los tres poderes comúnmente aceptados. Hay una imposibilidad de que el legislativo recaiga en un sólo individuo.

Teología. -Si bien en esta constitución no hay mención expresa a la supremacía de la religión católica sobre otras, sí se establece una sumisión del estado ante Dios.

Garantías Fundamentales. -Esta constitución es innovadora en el ámbito nacional en cuanto a garantías. Es la primera en incluir un apartado dogmático de derechos del hombre, en el cual otorga muchas muy significativas, por ejemplo: Libertad de expresión, libertad personal, proscripción de la tortura, libertad de tránsito, derecho de asociación, derecho humano a la posesión y portación de armas, libertad de profesión, derecho a la educación, garantías en materia criminal, reconocimiento a la propiedad privada.

Soberanía e Independencia. -La independencia se entiende por sobrepasada y no hay necesidad de mencionarla, salvo en el subtítulo constitucional. En cuanto a la soberanía nacional esta se entiende que reside en el pueblo y que a partir de él surgen todas las instituciones sociales.

Población (mexicanos). -La nacionalidad es contemplada en un aspecto amplio concediéndola a todos aquellos que tengan en vinculo estrecho con el país (*ius sanguini* o *ius soli*) e incluso concediéndola a las personas que adquieran bienes inmuebles en territorio nacional. Un aspecto importante en la extranjería es que la constitución otorga a las personas sin calidad de mexicanos los derechos reconocidos en la parte dogmática.

Territorio. -Se establece únicamente la extensión territorial de los estados en cuanto a mediciones ya previamente hechas y entendidas así en las diversas comunidades.

Base Orden Jurídico. -Son características de lo jurídico en esta constitución, la forma republicana, representativa, democrática y federal. Se establece la causa de inviolabilidad constitucional la cual limita para que la constitución no pueda perder ni fuerza ni vigor en ninguna circunstancia.

Estatuto del Imperio 1865

Un año después de que Maximiliano de Habsburgo aceptara la corona de México, el 10 de abril de 1865 se expide el estatuto provisional del Imperio que refleja el proyecto que se tenía para la nación mexicana. Es provisional ya que se pretendía únicamente como medio para pacificar[19] al país antes de la entrada en vigor de una constitución definitiva.

Bien común. -La principal función del documento en cuestión es preparar una organización definitiva para el imperio. A diferencia de muchos documentos ya tratados en el presente trabajo el Estatuto nunca pretendió ser permanente.

División de Poderes. -Si bien se acepta la división de poderes en el documento, existe diferencia a la conceptualizada tradicionalmente. Ejemplo de lo anterior es el tribunal de cuentas pretendido integrante del poder judicial pero que a su vez realizaría las funciones de revisar y glosar los presupuestos de las oficinas del ejecutivo.

Teología. -Se reconoce la existencia de un Dios, se requiere que el emperador de México sea católico; sin embargo, se reconoce por primera vez la libertad de profesar cualquier creencia religiosa.

Garantías Fundamentales. -Se reconoce la idea tradicional de los derechos del hombre. Entre los derechos que otorga la constitución se encuentran: prohibición total a la esclavitud, propiedad privada, libertad de expresión, seguridad personal, igualdad, garantías en materia criminal, etcétera.

---

[19] Término particular utilizado por Maximiliano. Tena 2017 *Op. Cit.* 668 y ss.

Población (mexicanos). -Hay un reconocimiento amplio de la nacionalidad mexicana en los términos generalmente acogidos por la época.

Territorio. -En el documento se establece de forma muy completa lo que integrará al imperio mexicano, en términos generales establece los limites ya reconocidos. Igualmente, el territorio se dividirá en ocho, posteriormente en cincuenta departamentos, a su vez estos en distritos y en ultimo como municipios.

Base Orden Jurídico. -Este es de los pocos documentos fundamentales en la historia de México que pretende establecer a la monarquía como forma de gobierno.

Reformas del 14 de agosto de 1867

Al caer el Segundo Imperio Mexicano, el presidente B. Juárez G. presenta una convocatoria para volver a integrar los poderes federales y decretar la supremacía de la constitución de 1857. El día 14 de agosto de 1867 debería ser considerado como el día más importante para la primera parte del constitucionalismo mexicano. Es hasta este punto que oficialmente triunfa la constitución de 1857 y que nadie se atreve a poner su legitimidad en duda.

Si bien este documento no incluye ninguna contribución que nosotros dictaminemos como directa al *polítelos*, lo hemos decidido incluir en razón de que aquí se pone el punto final al intento de imponer un régimen constitucional nuevo.

3.SEGUNDA DIVISIÓN CONSTITUCIONAL MEXICANA

Hemos llegado al punto en el que termina la exposición del *polítelos* en los primeros documentos fundamentales del México independiente.

Como ya se adelantaba, la historia constitucional mexicana, para mayor entendimiento, se tiene que dividir en dos periodos.

Uno en el que las facciones reales de poder pretenden extraer el bien común y el valor teleológico de su entendimiento de la realidad y plasmarlo en un documento jurídico al que pretenderán que sustente la legitimidad del ordenamiento de forma íntegra.

Al haber terminado el análisis de los documentos jurídicos integrantes del primer periodo constitucional nos encontramos en posibilidad de incursionar en la segunda parte histórica del constitucionalismo mexicano.

La metodología para el estudio de este segundo período será diferente a la ya utilizada. Lo anterior partiendo nuestra consideración en que estimamos como técnica expositiva necesaria el acople de las metodologías a la información presentada.

La variante especifica entre los dos períodos no es la cantidad de información ni la profundidad de esta. La variante se presenta en la multiplicidad de documentos que integran el primer periodo; a diferencia del segundo que formalmente es integrado por un solo documento pero que materialmente este único documento ha tenido tantas modificaciones que integra contenido múltiple en diversos aspectos normativos de la realidad.

La llamada constitución política de 1917[20] se promulgo hace más de 100 años, a la fecha de escritura del presente libro, a pesar de lo anterior es un documento que continuamente se ha modificado. El exceso de modificaciones podría parecer abrumador para el espectador ajeno a las particularidades de la política mexicana.

En el transcurso de la historia constitucional moderna mexicana, desde el 5 de febrero de 1917 hasta la fecha de redacción de

---

20 La ya mencionada teoría sobre la vigencia de la constitución de 1857 ha sido prácticamente desterrada de las aulas y tribunales mexicanos, aun así, no le restamos merito ni prejuzgamos (en este libro) sobre terminología aplicable a la constitución actualmente vigente. Hay argumentación que efectivamente sostiene que la constitución de 1917 es únicamente una reforma a la anterior.

estas líneas, el documento constitucional se ha reformado en ya 252[21]. Las modificaciones hacen referencia a las modificaciones por decreto, tomando en cuenta de que un decreto puede incluir muchas modificaciones] momentos históricos diferentes. La excesiva manipulación de la carta magna tiene razones múltiples. Por ejemplo, la innecesaria fijación del poder político para avalar acciones de gobierno mediante su incorporación a la constitución o el entendimiento errado de la legitimidad jurídica de categorías mediante su positivización en el texto máximo.

No entraremos al juicio axiológico ni normativo sobre las consecuencias beneficias y las repercusiones negativas sobre las modificaciones a modo simulado de exponente cuantificada hechas a la legislación máxima; aceptamos como premisa la existencia de la totalidad de las reformas constitucionales y partimos el análisis desde ese punto.

Por todo lo anterior, la forma mediante la cual procederemos para el análisis del *polítelos* de la constitución de 1917 será diferente al análisis en los periodos anteriores.

Podríamos fácilmente hacer una mención expresa de todas las reformas constitucionales desde 1917 hasta las últimas del siglo XXI; la lista podría mencionar de forma sumaria las modificaciones que se dieron al texto máximo y la trascendencia jurídica de cada una; igualmente podríamos citar todas las reformas y dejar a discreción del lector la pertinencia de cada una.

Todo lo dicho sería muy sencillo de llevar a cabo y repasaría en varios tomos de derecho constitucional mexicano positivo del segundo período; a pesar de su sencillez metodológica lo consideraríamos errado proceder de la forma mencionada.

---

21 Las 252 modificaciones se refieren a los decretos publicados en el Diario Oficial de la Federación tendientes a alterar el texto máximo. EL verdadero número es mucho mayor en razón de que hay decretos modificatorios que trastocan pluralidad de artículos dentro de la constitución.

El presente trabajo de investigación, como se ha establecido desde un inicio, busca primeramente presentar el concepto de *polítelos* a las categorías del saber jurídico y en segundo punto busca presentar manifestaciones del *polítelos* el derecho constitucional mexicano; es a causa de los fines mismos del trabajo que hemos decidido una metodología específica para el análisis de la constitución de 1917.

Vamos a presentar el *polítelos* presente en el texto constitucional de 1917 el análisis hará los comentarios pertinentes. En segundo aspecto vamos a tomar las reformas que, después de un análisis razonado, consideremos adecuadas y culminantes sobre el texto de 1917 para el *polítelos* y haremos comentarios únicamente de esas reformas.

Resaltamos que posiblemente hay reformas que definieron el rumbo político y social del país. Reformas que cambiaron completamente la dirección de México. Por ejemplo, en materia tributaria, se ha modificado la constitución para limitar y facultar la condonación de impuestos, lo anterior es de repercusión primaria para el estado mexicano, sus ingresos y su desarrollo económico dependen directamente de los impuestos, pero en términos del *polítelos* las regulaciones en materia de contribuciones son accesorias y no afectan la esencia misma del constitucionalismo mexicano. O como segundo ejemplo las reformas de noviembre de 1940 en materia de petróleo e hidrocarburos, es evidente que para la historia nacional esta reviste trascendencia máxima, sin embargo, para efectos del *polítelos* su importancia queda relegada.

Texto primigenio de la constitución en el segundo período

El lunes 5 de febrero de 1917 el país de México se despertaría bajo un régimen normativo nuevo. El pináculo de la normativa sería uno pretendidamente nuevo. El diario oficial de la república publicaría el nuevo texto constitucional que permanecería vigente hasta la fecha de redacción de este libro.

La constitución política de 1917 es (llamada en el documento: "*Constitución Política de los Estados Unidos Mexicanos que reforma la de 5 de febrero de 1857*") únicamente a modo de referencia apuntamos la existencia de una discusión académica sobre el verdadero alcance del documento constitucional.

Existen dos posturas referentes a la sostenibilidad de la constitución de 1917. Por un lado, se establece que este documento cuenta con su legitimidad propia causada por los acontecimientos históricos que conllevaron a su promulgación. Por el otro, se llega a decir que la constitución únicamente se adquirió su legitimidad en virtud de que se pretende indirectamente sostener de la constitución de 1857 y ser una reforma a este texto constitucional.

Se podrían escribir multiplicidad de páginas sobre las razones por las que la constitución de 1917 es únicamente la modificación de la de 1857 (o sobre porque sí es un documento jurídico diverso) al no ser meta de este libro, dejaremos de un lado la discusión sobre la sostenibilidad y preminencia de un documento sobre el otro. Tomaremos como premisa de trabajo la existencia de la constitución de 1917 y sobre ésta continuaremos al análisis.]

Desde los diarios de debates para la constitución de 1917 (del 21 de noviembre de 1916 hasta el 31 de enero de 1917) y desde el proyecto de constitución podemos ver los antecedentes que marcarían el nuevo rumbo constitucional de México.

Entrando al verdadero estudio del texto positivo, podemos ver que la constitución de 1917 curiosamente no prevé ideales abstractos a los que podamos identificar con el bien común presente buscado en la sociedad.

El *polítelos* de la constitución 1917 se tendrá que extraer necesariamente desde los valores teleológicos plasmados en la misma constitución. A continuación, analizaremos mediante los mismos criterios que habíamos utilizado al texto original de la constitución de 1917. Posteriormente mencionaremos las reformas que consideremos de índole trascendente para el *polítelos.*

Con miras a continuar con la exposición breve y resumida, descartaremos todas aquellas reformas que no consideramos que tienen un impacto específico, directo y completamente pertinente en la conformación directa del *polítelos* (particularmente en su vertiente de bien común).

División de poderes.- El documento en cuestión continúa con la línea de pensamiento mexicana sobre la división de poderes. Retoma los ya multicitados poderes ejecutivo, legislativo y judicial y las guías sobre el ejercicio del poder público en México.

Teología.- En completa contraposición a lo tradicional hasta el momento, se admite la tolerancia religiosa y la aptitud de las personas para profesar la religión que más les convenga conforme a sus reflexiones espirituales personales.

Garantías fundamentales.- Se reconoce una lista de garantías que limitaran el poder público sobre las personas. Particularmente se reconocen derechos individuales tradicionales como lo son la libertad o las garantías judiciales. La constitución es innovadora en el ámbito del trabajo y la previsión social, por primera vez se eleva esta categoría al espectro constitucional.

Soberanía e independencia.- Se toma a la soberanía como absoluta (se manifiesta la fuente de ésta en el pueblo) el estado mexicano se continúa consolidando como uno individual y especifico que será reconocido en su unicidad ante la comunidad internacional.

Población (mexicanos).- Se empieza plasmando las bases específicas para la regulación de la nacionalidad en México. Se marcan las pautas para determinar quién es un mexicano y los requisitos de la nacionalidad.

Territorio nacional.- El texto constitucional establece de forma concreta y puntual tanto la composición como la extensión del territorio nacional. Se parte de la naturaliza federal del estado para dividir a las entidades y a los territorios integrantes del estado.

Antes de empezar a comentar las reformas realizadas a la carta magna, consideramos adecuado hacer dos puntualizaciones. En primer lugar, hemos decidido (con miras a no volver innecesariamente extenso el texto) el mencionar las modificaciones por año del acontecimiento, es decir: los apartados no especificarán los decretos de reforma en concreto ni los artículos modificados, se tomará en conjunto a todas las modificaciones trascendentes realizadas en el año calendario.

Como segunda puntualización mencionamos que si bien existen modificaciones que sí influyen directamente al *polítelos* en su vertiente de valor teleológico hemos decidido no incorporarlas al análisis lo anterior en razón de que las consideramos repetitivas e innecesarias, por ejemplo: en demasiados momentos del siglo XX se modificaron los artículos referentes al territorio nacional, esta modificación impacta al *polítelos* pero sería una superflua repetición el únicamente mencionar ese acontecimiento en las reformas.

Reformas de 1934

Se consolidan determinados derechos agrarios y sobre las tierras integrantes de la federación. La reforma es dotada de importancia en razón de que el *polítelos* se nutrirá del valor teleológico presente en la división de la tierra. Igualmente se incorporan principios específicos sobre la educación (carácter socialista) que deberá brindar el estado dentro de las garantías individuales.

Reformas de 1946

Se vuelve a enfatizar sobre el derecho a la educación y las bases mediante las cuales éste se tendrá que regir. Se elimina el carácter de socialista de la misma; se establecen indirectamente consideraciones sobre el bien común a través de la educación. Verbigracia:

desarrollo de las facultades humanas, mejoramiento indirecto de las condiciones sociales y enseñanza de la justicia.

Reformas de 1962

Durante este año un movimiento laboral genera que se reconozcan diversas condiciones específicas para los trabajadores. El valor teleológico laboral que surgiría en esta constitución se desarrolla de forma exponencial y benéfica durante este período.

Reformas de 1965

El sistema penitenciario (importante tanto que es la contraparte de la libertad individual) es reformado y se programan modificatorios en torno a su organización. La contribución al *polítelos* es indirecta, pero se sientan bases especificas (acontecimiento mayor al sucedido en 1977)

Reformas de 1971

Se tomar medidas en contra de la contaminación ambiental facultando al consejo de salubridad general para ello. Podría parecer que esta reforma es meramente normativa y que no tiene impacto en el concepto de *polítelos.* Mas en este punto resaltamos nosotros la forma en que las regulaciones ambientales sí son parte del ideal ético que puede tener una sociedad y que manifiestan directamente características de su *polítelos.*

En el mismo año de 1971 se restringe el derecho sobre las armas de los mexicanos. El límite impuesto se puede interpretar como el entendimiento mutable sobre las consideraciones especificas en torno a este derecho humano. A partir de aquí la constitución reescribe una visión sobre la solidez de tan importante derecho.

Reformas de 1974

Finalmente se instaura una igualdad entre el hombre y la mujer ante la ley. Constitucionalmente se pretende igualar a los dos sexos a un plano adecuando para el sano desarrollo del ente político. Hasta ese momento la igualdad ente las personas no había incluido a la mujer.

Reformas de 1978

Es un paquete de diversas reformas que incorporan derechos laborales nuevamente en el ámbito constitucional. El derecho al trabajo se consolida como uno de los más importantes en la sociedad mexicana.

Reformas de 1980

Se genera la autonomía constitucional universitaria. Las universidades habían sido consideradas autónomas de los entes políticos en muchos países, en este año la constitución mexicana materializa la importancia educativa y la necesaria autonomía que requieren determinadas universidades para efectivamente cumplir su finalidad máxima.

En el mismo año se plasman derechos de los niños y menores. Se reconoce la necesidad del estado de proteger a estos grupos. La forma en que una sociedad protege a los niños será determinante para la conformación de su *polítelos.*

Reformas de 1983

El derecho a la salud finalmente tiene sus cimientos en la constitución. Siendo este uno de los derechos más debatidos e importantes en la época contemporánea a la redacción del libro, es meritorio de resaltarse el momento en el que se contempla en la norma máxima mexicana.

Igualmente, respecto a la soberanía e integración política, existen en este año modificaciones con respecto al menor extracto de gobierno: Municipios.

Reformas de 1987

Paso importante para México, en este año se establecen más bases mediante las cuales la imperante necesidad de proteger al ambiente se vuelve a derecho positivo. La protección y restauración del equilibrio ecológico se convierte en una realidad constitucional.

Reformas de 1992

El año de 1992 tuvo varias modificaciones constitucionales mediante las cuales se añadieron modificaciones variadas al valor teleológico de México.

En materia religiosa, finalmente, se reconoce a la iglesia con personalidad jurídica; en materia de igualdad se reconoce la pluriculturalidad y respecto a los derechos humanos se reconoce autonomía de organismos *ad hoc* para su protección.

Reformas de 1993

Las bases específicas del sistema económico mexicano actual se deben en gran medida a la autonomía otorgada en este año al banco central; igualmente la educación se conceptualiza de manera más amplia. Las garantías criminales (previstas desde los inicios del constitucionalismo mexicano) son objeto de modificaciones importantes.

Reformas de 1996

El derecho a la inviolabilidad de las comunicaciones privadas se ve modificado. Existe una reconceptualización del valor teleológico especifico.

Reformas de 1997

La nacionalidad tiene modificaciones. Se protege más al ciudadano y se impide que al mexicano por nacimiento se le prive de la nacionalidad.

Reformas de 1999

Hay disminuciones de las garantías criminales para las personas, la privación la detención y captura por parte de la autoridad se ve disminuido en cuanto a estándares; el retroceso para los individuos es evidente. Igualmente se establece el derecho humano al medio ambiente adecuado para el desarrollo y bienestar.

Reformas de 2000

Avances en materia penal, no únicamente se contemplan las garantías de los imputados; ahora ya hay también para las víctimas. Se continua el desarrollo de derecho de los niños.

Reformas de 2009

Se incluye como derecho humano el de acceso a la cultura. En este momento el valor teleológico amplia su ámbito de aplicación para contemplar lugares nuevos a los que nunca había incursionado antes.

Reformas de 2011

En este año de da una de las mayores reconceptualizaciones del *polítelos* mexicano, se establece una modificación integra sobre la concepción y ámbito aplicativo de los derechos humanos. La forma de entender a los derechos humanos (que son parte del valor teleológico) cambia radicalmente.

También se prevén mejores garantías para la protección de los derechos humanos y se extraen nuevos derechos humanos para conformar parte del valor teleológico. Por ejemplo: derecho a la cultura física, derecho a la alimentación, derecho al agua, nuevos derechos para los niños e interés superior de la niñez, etcétera.

Reformas de 2013

En el año de 2013 la constitución es modificada de una forma que reviste trascendencia para el *polítelos*. Si bien la constitución reconoce como ideal ético integrante del bien común a la libertad, este ha revestido su materialización en muchas formas diferentes.

El caso de este artículo en concreto es uno en el que el bien común se extrae primigeniamente en un valor teleológico y, con la reforma, se expande de la "libertad para profesar creencia religiosa" a la "libertad de convicciones éticas", "libertad de conciencia" y "libertad de religión". El valor teleológico presente en al artículo 24 constitucional ha extendido su ámbito de aplicación (paso de ser sólo uno a tres).

Reformas de 2019

Para este momento se continúa tratando con multicitado tema de garantías criminales de las personas. Para el 2019 el *polítelos* muta para volverse más restrictivo en cuanto a límites a la libertad personal de presuntos delincuentes (prisión preventiva oficiosa).

Reformas de 2020

Dos concepciones muy importantes del *polítelos* se materializan en la constitución al finalizar la segunda década del segundo milenio. Tanto el derecho a la salud como el derecho a la educación se modifican para ser más completos y protectores dentro de la sociedad.

Reformas de 2021

La última reforma que consideramos relevante, con respecto al *polítelos*, es sobre un tema que desde varias de las primeras leyes fundamentales ya había sido objeto de previsión: la condición de mexicanos o la nacionalidad. Esta reforma otorga la nacionalidad mexicana a cualquier hijo de mexicanos nacidos en el extranjero; la aplicación del valor teleológico verdaderamente fue progresiva y beneficiosa a los mexicanos.

NÚCLEO DEL *POLÍTELOS* EN LA CONTINUIDAD HISTÓRICA-CONSTITUCIONAL DEL ESTADO MEXICANO

Como últimos comentarios de esta tercera parte del libro nosotros efectuaremos dos análisis, seguramente esperados por el lector. En primer lugar, tomaremos lo ya expuesto con anterioridad. Entrelazaremos los conceptos ya planteados en este trabajo para así poder determinar si es que existe la predominancia de algún común denominador[22] presente en el pensamiento constitucionalista mexicano.

---

22 El término se maneja en singular sin embargo es por demás probable que exista una variedad de comunes denominadores o que mediante otras abstracciones del *polítelos* el resultado fuera diferente.

En segundo lugar, realizaremos una conjunción del resultado obtenido mediante el análisis. Esta suma conjunta de todos los factores obtenidos por el análisis los condensaremos en algo que podremos llamar el núcleo del polítelos mexicano.[23]

Consideramos que para encontrar el núcleo del *polítelos* mexicano requerimos realizar una reflexión sobre los datos ya vertidos tomando como base las dos primeras partes y como sustancia a la información contenida en la tercera parte.

Partiendo del entendimiento cabal del *polítelos,* de su relación con el derecho constitucional y tomando en cuenta las manifestaciones presentes en el constitucionalismo mexicano, entraremos en el terreno del análisis razonado sobre sus variantes de texto en texto para así poder determinar las apariciones más frecuentes de ideales a los que la sociedad pretendía atener en cada momento.

Como se adelantó desde la forma de presentación de las leyes fundamentales, en la tercera parte de esta obra, existen ideales que componen el bien común y que se manifiestan en forma de valor teleológico especifico, sin embargo, son propios de cada documento fundamental.

Principios que siempre se encuentran presentes son la división de poderes, la teología, garantías fundamentales, soberanía e independencia, concepto de mexicanos y bases del territorio. Podríamos decir que para el entendimiento del bien común en México siempre hemos partido de aquellos principios.

Por otro lado, en el valor teleológico, generalmente veíamos los ideales plasmados de la siguiente forma:

---

23 Evidentemente este núcleo esta temporalmente circunscrito al período temporal ya mencionado. Sería errado tratar de entenderlo o tratar de conceptualizarlo en toda la historia de México como uno mismo. Seguramente el México prehispánico concebía su *polítelos* de una forma diametralmente variada.

1. En la división de poderes existían las tres ramas comunes (ejecutivo, legislativo y judicial).
2. En la teología, en un principio se reconocía la existencia de un sólo Dios y proclamaba a la religión católica como única del estado; posteriormente la libertad de creencias expande su objeto.
3. Las garantías fundamentales están a favor de la protección del individuo en su persona (prohibición de la esclavitud), se reconoce la libertad como uno de los máximos derechos del individuo, se otorga mínimos derechos en el proceso penal, hay un reconocimiento amplio a la proscripción de la tortura y se reconocía el derecho a la propiedad privada. Hay garantías que se desarrollan paulatinamente como la educación o la salud.
4. La soberanía y la independencia se entendieron siempre como requisito sine qua non podía existir un constitucionalismo mexicano y por tanto nunca nos sujetamos a una potencia extranjera.
5. El concepto de mexicanos fue variando y se presentó de manera diversa en los documentos, sin embargo, generalmente, se reconocen protecciones amplias para las personas que tuvieran un vínculo efectivo con la nación.
6. El territorio nacional muto de forma muy amplia en las distintas regulaciones, llegando a ser reconocido con límites diversos e incluso en varios documentos ni siquiera mencionado.
7. Sistema republicano y federal, estos dos aspectos atenientes a la forma de gobierno y de estado fueron constantes en las legislaciones máximas. Pero son los valores que de forma más evidente tuvieron mayores excepciones en la historia mexicana.

A diferencia de un ejercicio aritmético perfecto, aquí se presenta al común denominador como una constante sujeta a excepciones pero que no por ese hecho deja de ser la línea conductora del entendimiento del polítelos.

Por tanto, podríamos decir que el núcleo del polítelos radica específicamente tanto en todos los ideales mediante los que se analiza el bien común, como en aquellas coincidencias que tenían las diversas interpretaciones del bien común manifestadas como el valor teleológico presente en cada documento fundamental del estado mexicano.

Consideramos importante mencionar que un académico, jurista y expresidente mexicano, Don José Manuel de la Peña y Peña, había conceptualizado ya en el siglo XIX (mediante sus bases esenciales y cardinales) resultados similares a los que hasta este punto hemos observado en el valor teleológico.[24]

---

24 Ampliamente recomendamos al lector interesado en este punto acudir a la siguiente fuente de consulta: Juan Pablo Pampillo Baliño, *Manuel de la Peña y Peña y sus aportaciones como ministro de la suprema corte, individuo del supremo poder conservador y presidente de la república* (Ciudad de México, México: Instituto de Investigaciones Jurídicas UNAM, 2013), 29.

Breves reflexiones finales en torno al bien común y al valor teleológico o el epílogo del polítelos

Relativo al análisis del *polítelos* (tanto la parte teórica como la histórica) ya realizado, y en general el libro, se cuenta con una meta muy concreta que es poder sentar las bases para entendimientos y para la realización de estudios futuros sobre el *polítelos.* Lo anterior ayudará a una mejor comprensión de la realidad, de la historia, del derecho, del constitucionalismo y de las instituciones jurídicas contemporáneas.

El mejor método que tenemos para vislumbrar el bien buscado en sociedad es mediante el uso del concepto *polítelos* en el análisis político que se realice. La composición del *polítelos* siempre va a consistir en dos subconceptos (el bien común y el valor teleológico).

Con respecto al *polítelos* como concepto y al *polítelos* dentro del análisis del constitucionalismo mexicano podemos unificar ideas y establecer a modo de cierre o epílogo varios aspectos.

En primer lugar, establecemos que la comprensión y legitimación de una sociedad en su integridad se realizará mediante sus fines. Mismos que radicaran en algún tipo de bien; lo más importante es la metodología y el alcance mediante el cual se logrará vislumbrar el bien buscado en una sociedad

Como principio general, dentro del constitucionalismo moderno, el *polítelos* se podrá encontrar en la constitución del estado. Dependiendo la constitución especifica variara la dificultad en torno develar la composición completa del *polítelos*

En el aspecto teórico decimos que el bien común es un valor ético pseudoinamovible que permite la determinación especifica de las condiciones que se consideran como correctas dentro de la sociedad.

El valor teleológico será siempre el enfoque concreto del bien común a circunstancias específicas que una comunidad política ha decidido positivizar. En otras palabras, este segundo elemento del *polítelos,* podemos estimar que es una materialización contextual que se hace respecto de una sociedad en concreto. A pesar de que el bien común es más estable siempre se encuentra en una misma línea con el valor teleológico.

Conforme a nuestro análisis histórico, podemos remitir al lector a la última sección de la tercera parte donde se manifiesta el núcleo del *polítelos* durante toda la historia del constitucionalismo mexicano.

Es por todo lo anterior, que consideramos al *polítelos* como concepto óptimo para utilizar al momento de buscar tener una comprensión optima de la finalidad racional y ética de cualquier comunidad política o sociedad.

Fuentes de consulta

Aguilar Olivares, Luis. 1998. El bien común como causa final ultima del derecho. Tesis de Licenciatura., Escuela Libre de Derecho.

Albert, Richard. “Constitutional Amendment by Constitutional Desuetude” The American Journal of Comparative Law 62, no. 3 (2014): 641–86. http://www.jstor.org/stable/43669515. (consultado el 26 de mayo de 2021)

Andrews, Catherine. 2017. De Cádiz a Querétaro. Historiografía y bibliografía del constitucionalismo mexicano. Ciudad de México, México: Fondo de Cultura Económica.

Aristóteles. 2015. Ética. Madrid, España: Biblioteca Clásica Gredos.

Aristóteles. 2013. Ética Nicomáquea * Política. Ciudad de México, México: Editorial Porrúa.

Aristóteles. 2015. Física. Madrid, España: Biblioteca Clásica Gredos.

Aristóteles. 2015. Metafísica. Madrid, España: Biblioteca Clásica Gredos.

Aristóteles. 2015. Política. Madrid, España: Biblioteca Clásica Gredos.

Audi, Robert. 2002. Epistemology. Nueva York, Estados Unidos: Routledge.

Barbieri, William A. “Beyond the Nations: The Expansion of the Common Good in Catholic Social Thought” The Review of Politics 116 63, no. 4 (2001): 723–54. http://www.jstor.org/stable/1408857. (consultado el 6 de enero de 2021)

Barragán, José, coord. 2018. Teoría de la Constitución. Ciudad de México, México: Editorial Porrúa.

Bohrer, Ashley J. “Color-Blind Racism in Early Modernity: Race, Colonization, and Capitalism in the Work of Francisco de Vitoria.” The Journal of Speculative Philosophy 32, no. 3 (2018): 388–99. https://doi.org/10.5325/jspecphil.32.3.0388. (cosultado el 6 de enero de 2021)

Boucher, David. “Idealization and the Agents of Change” The Good Society 26, no. 1 (2018): 19–33. https://doi.org/10.5325/goodsociety.26.1.0019. (consultado el 12 de enero de 2021)

Carcello, Joseph V. “Governance and the Common Good” Journal of Business Ethics 89 (2009): 11–18. http://www.jstor.org/stable/40295073. (consultado el 6 de enero de 2021)

Chinoy, Ely. 2012. La sociedad. Una introducción a la sociología. Ciudad de México, México: Fondo de Cultura Económica.

Chomsky, Noam. "Lecture Iii: What Is The Common Good?" The Journal Of Philosophy 110, No. 12 (2013): 685–700. http://www.jstor.org/stable/43820810. (consultado el 6 de enero de 2021)

Colegio de México, 2019. Nueva Historia General de México. Ciudad de México, México: El Colegio de México

Cooper, Kody. 2018. The Essence of Leviathan: The Person of the Commonwealth and the Common Good. In Thomas Hobbes and the Natural Law. Indiana, Estados Unidos: University of Notre Dame Press.

Copleston, Frederick. 1993. Late Mediaeval and Renaissance Philosophy. Vol. 3 de A History of Philosophy. Oregon, Estados Unidos: Image Books Publisher.

Cruz Prados, Alfredo. 1999. Ethos y polis: bases para una reconstrucción de la filosofía política. Navarra, España: Eunsa.

Duke, George. "The Distinctive Common Good" The Review of Politics 78, no. 2 (2016): 227–50. http://www.jstor.org/stable/24889973. (consultado el 28 de dicembre de 2020)

Duke, George. "The Weak Natural Law Thesis And The Common Good" Law And Philosophy 35, No. 5 (2016): 485–509. 118 http://www.jstor.org/stable/44981094. (consultado el 11 de noviembre de 2020)

Estrada Michel, Rafael. 2020. Obedezco pero no cumplo, Lecturas para los programas de Iushistoria Constitucional en México. Ciudad de México, México: Tirant lo Blanch.

Ferrajoli, Luigi. 2016. Derechos y garantías. La Ley del más débil. Madrdid, España: Editorial Trotta.

Finnis, John. 2011. Human Rights and Common Good. Oxfordshire, Inglaterra: Editorial Oxford.

Fioravanti, Maurizio. 2001. Constitución. De La Antigüedad A Nuestros Días. Madrid, España: Editorial Trotta.

Fioravanti, Maurizio. 2016. Los derechos fundamentales, Apuntes de historia de las constituciones. Madrid, España: Editorial Trotta.

Foucault, Michel. 2002. A verdade e as formas juridicas. Rio de Janeiro, Brasil: NAU Editora.

Foucault, Michel. 2019. Vigilar y castigar. Ciudad de México, México: Grupo Editorial Siglo Veintiuno.

Frank, William A. "Authority and the Common Good in Democratic Governance" The Review of Metaphysics 60, no. 4 (2007): 813–32. http://www.jstor.org/stable/20130860. (consultado el 6 de enero de 2021).

Frémeaux, Sandrine, and Grant Michelson. "The Common Good of the Firm and Humanistic Management: Conscious Capitalism and Economy of Communion" Journal of Business Ethics 145, no. 4 (2017): 701–9. http://www.jstor.org/stable/45022290. (consultado el 7 de enero de 2021).

Galston, William A. "The Common Good: Theoretical Content, Practical Utility" Daedalus 142, no. 2 (2013): 9–14. http://www.jstor.org/stable/43297229. (consultado el 26 de enero de 2021).

García Máynez, Eduardo. 2015. Filosofía del Derecho. Ciudad de México, México: Editorial Porrúa.

García Máynez, Eduardo. 2015. Introducción al estudio del derecho, Ciudad de México, México: Editorial Porrúa.

García y García, Miguel y Smeke Rosellón, Moisés Abdul. 2016. Teoría General del Estado. Ciudad de México. México: Editorial Porrúa.

Golding, William. 1995. El señor de las moscas. Barcelona, España: Ediciones Altaya.

González Uribe, Héctor. 1988. Hombre y Estado: Estudios Político-Constitucionales. Ciudad de México: Editorial Porrúa.

González Uribe, Héctor. 2017. Teoría Política. Ciudad de México, México: Editorial Porrúa.

Grossi, Paolo. 2007. Prima Lezione di diritto. Roma, Italia: Laterza.

Harari, Yuval Noah. 2018. De animales a dioses. Breve historia de la humanidad. Ciudad de México, México: Debate.

Heller, Herman. 2014. Teoría del Estado. Ciudad de México, México: Fondo de cultura económica.

Henry St. George Tucker. "The General Welfare" Virginia Law Review 8, no. 3 (1922): 167–80. https://doi.org/10.2307/1063438. (consultado el 11 de noviembre de 2020).

Kelsen, Hans. 2015. Teoría Pura del Derecho. Ciudad de México. México: Editorial Porrúa.

Kraut, Richard. 1990. Aristotle on the Human Good. Nueva Jersey, Estados Unidos: Princeton University Press.

Küng, Hans. 2002. Una ética mundial para la economía y la política. Ciudad de México, México: Fondo de Cultura Económica.

Küng, Hans. 2006. Ciencia y ética mundial. Mardid, España: Trotta.

Lazari-Radek, Katarzyna y Singer, Peter. 2017. Utilitarianism: A Very Short Introduction. Oxfordshire, Inglaterra: Oxford University Press.

Le Fur, Louis; Radbruch, Gustav, et al. 1944. Los Fines del Derecho: Bien Común, Justicia, Seguridad. Ciudad de México, México: Editorial Jus.

Llamosa García, José. 1961. El bien común verdadero fin del estado. Ciudad de México, México: Escuela Libre de Derecho.

Loewenstein, Karl. 1982. Teoría de la Constitución. Barcelona, España: Ariel.

Martin, Felix. "Human Development and the Pursuit of the Common Good: Social Psychology or Aristotelian Virtue Ethics?" Journal of Business Ethics 100 (2011): 89–98. http://www.jstor.org/stable/41475805. (consultado el 6 de enero de 2021).

Mastromatteo, Giuseppe y Stefano Solari. "The Idea Of 'Common Good' And The Role Of The State In Present Day Social Economics." Rivista Internazionale Di Scienze Sociali 122, no. 1 (2014): 85–102. http://www.jstor.org/stable/43830201. (consultado el 6 de enero de 2021).

McMillan, Sally. "Editor's Introduction: In Search of the Common Good" Journal of Thought 42, no. 3–4 (2007): 3–7. https://doi.org/10.2307/jthought.42.3-4.3. (consultado el 14 de febrero de 2021).

Menatti, Laura. "Landscape: From Common Good to Human Right." International Journal of the Commons 11, no. 2 (2017): 641–83. https://www.jstor.org/stable/26522930. (consultado el 6 de enero de 2021).

Merryman, John Henry y Pérez-Pedromo, Rogelio. 2017. La tradición Jurídica Romano-Canónica. Ciudad de México, México: Fondo de Cultura Económica.

Minutti Zanatta, Rubén. 2017. The Constitution of the United States * La Constitución de los Estados Unidos. Ciudad de México, México: Editorial Porrúa.

Murphy, Mark C. "The Common Good" The Review of Metaphysics 59, no. 1 (2005): 133–64. http://www.jstor.org/stable/20130579. (consultado el 25 de enero de 2021).

Ortiz Ahlf, Loretta. 2013. Derechos Humanos de los Indocumentados. Ciudad de México, México: Tirant lo Blanch.

Pace, Paul. "Francisco Suárez and Justice: A Common Good Perspective" Gregorianum 93, no. 3 (2012): 497–525. http://www.jstor.org/stable/44322320. (consultado el 6 de enero de 2021).

Pampillo Baliño, Juan Pablo. 2014. Historia General del Derecho. Ciudad de México, México: Editorial Oxford.

Pampillo Baliño, Juan Pablo. 2013. Manuel de la Peña y Peña y sus aportaciones como ministro de la suprema corte, individuo del supremo poder conservador y presidente de la república. Ciudad de México, México: Instituto de Investigaciones Jurídicas UNAM.

Petit, Eugéne. 2017. Derecho Romano. Ciudad de México, México: Editorial Porrúa.

Quigley, William. 2003. Ending Poverty As We Know It: Guaranteeing A Right To A Job. Pennsylvania, Estados Unidos: Temple University Press.

Rawls, John. 1999. A Theory of Justice. Massachusetts, Estados Unidos: Harvard University Press.

Rawls, John. 2018. Teoría de la justicia. Ciudad de México, México: Fondo de Cultura Económica.

Ribas Alba, José. 2015. La prehistoria del Derecho. Andalucía, España: Editorial Almuzara.

Sánchez Andrada, Juan Miguel. 2015. La macro-norma del bien común: autoridad universal. Tesis de doctorado., Universidad Complutense de Madrid.

Santi Romano. 1967. L'ordinamento giuridico. Florencia, Italia: Sansoni.

Strauss, Leo y Joseph Cropsey, coord. 2014. Historia de la filosofia politica. Ciudad de México, México: Fondo de Cultura Económica.

Tena Ramírez Felipe. 2013. Derecho Constitucional Mexicano, Ciudad de México, México: Editorial Porrúa.

Tena Ramírez Felipe. 2017. Leyes Fundamentales de México 1808-2017: Editorial Porrúa.

"The General Welfare Clause: The Hamiltonian And Madisonian Views" American Bar Association Journal 22, No. 2 (1936): 115–40. http://www.jstor.org/stable/25712036. (consultado el 26 de enero de 2021).

Villoro Toranzo, Miguel. 2015. Lecciones de Filosofía del Derecho. Ciudad de México, México: Editorial Porrúa.

Villoro Toranzo, Miguel. 2015. Introducción al estudio del Derecho. Ciudad de México, México.

Villoro Toranzo, Miguel. 1989. Del derecho hebreo al derecho soviético. Ciudad de México, México: Escuela Libre de Derecho.

Wallerstein, Immanuel. 2007. El Universalismo Europeo. Ciudad de México, México: Grupo Editorial Siglo Veintiuno.